¿POR QUÉ TIENES QUE ORAR?

JUAN CARLOS HARRIGAN

¿POR QUÉ TIENES QUE ORAR?

De: *Pastor Juan Carlos Harrigan*

Para:_____

AGRADECIMIENTO

Quiero dar gracias a **Dios**, el Padre, por pensar en mí desde la eternidad y extenderme su misericordia.

A **Jesús**, mi Salvador, por morir en la cruz y darme vida en abundancia.

Al **Espíritu Santo**, mi mejor amigo, quien por revelación del Padre me ha inspirado a escribir este libro, sin Él jamás lo hubiera logrado.

A **Diana**, mi esposa, quien ha sido una columna para mi vida espiritual y ministerio. Gracias a sus oraciones he podido desarrollar mi vida en Dios.

A **Ismael, Samuel y Emmanuel**, mis hijos, por ser parte de mí y darme fuerzas para seguir creyendo.

A **mi mamá y a mi papá** por dejarse usar como instrumento para traerme a la vida.

A **mi suegra**, que vive de rodillas en muchas horas de oración por nuestro ministerio.

A mi iglesia *Casa de Dios*, amigos y hermanos que me aman y apoyan el ministerio que Dios ha puesto en mis manos. *De todo corazón, les agradezco.*

DEDICATORIA

A una generación hambrienta de ver la gloria de Dios en sus días. A una generación que está cansada de lo mismo y ya no quiere seguir siendo engañada por un Evangelio frío, muerto, carente de poder. A una generación que anhela ver ahora, en su presente, los gloriosos avivamientos que ha leído del pasado.

Dedico este libro a esos miles de creyentes que sienten en su interior que hay más de Dios, que sienten que están llamados a vivir en lo sobrenatural de Dios, que creen que la Biblia puede tomar vida en sus vidas. A una generación que percibe que ha sido llamada a buscar el rostro de Dios hasta encontrarlo y que será incansable en la búsqueda de la gloria de Dios.

"Tal es la generación de los que le buscan, De los que buscan tu rostro, oh Dios de Jacob."
Salmos 24:6 (RVR1960)

CONTENIDO

INTRODUCCIÓN

«Y si sabemos que él nos oye en cualquiera cosa que pidamos, sabemos que tenemos las peticiones que le hayamos hecho» (1 Juan 5:15)

¿Por qué debemos orar? ¿Para qué sirve la oración? Hay personas que piensan que orar es un monólogo mediante el cual presentamos nuestras largas listas de pedidos y necesidades ante Dios, y creen que la oración solo sirve para eso.

Pero también están aquellos que tienen una falsa percepción de la oración y creen que solo deben optar por ella como último recurso o situación límite de su vida, cuando las circunstancias se les escapan de las manos. "No molestes a Dios con cualquier cosa. Déjalo que se debe estar ocupando de cosas importantes", dicen con plena convicción de que Dios no se interesa por nosotros, solo por las cosas o personas importantes.

Sin embargo, la Palabra de Dios nos enseña que la oración debe ser un hábito que debe practicarse cada día y que nunca es tarde para incorporarla a nuestra vida diariamente. La constancia en la oración es clave para poder ganar todas las batallas y vencer al enemigo. De hecho, en la búsqueda de Dios, nuestra constancia nos va a ayudar a encontrar Su respuesta.

A través de estas páginas quiero despertar en tu vida el poder del espíritu de oración. Quiero que luego de leer este libro comiences a orar más de lo que comes, más de lo que duermes. Quiero que busques a Dios con toda tu vida. Te garantizo que, si así lo haces, tendrás más que lo que tienes, y serás aún más que bendecido.

Si persistimos en la oración, nuestra vida será literalmente transformada y alineada con la voluntad y el propósito de Dios. A lo largo de toda la Biblia encontramos los beneficios que experimenta la persona que ora. Nuestra vida jamás será la misma si mantenemos el hábito de orar.

Ningún cristiano debe ignorar el gran poder que existe en la oración. Si logras descubrirlo, te aseguro que los cielos se abrirán sobre tu vida y hallarás las respuestas a todas tus preguntas.

Te desafío a descubrir los tesoros escondidos en la oración.

Juan Carlos Harrigan

Capítulo I

¿POR QUÉ TENEMOS QUE ORAR?

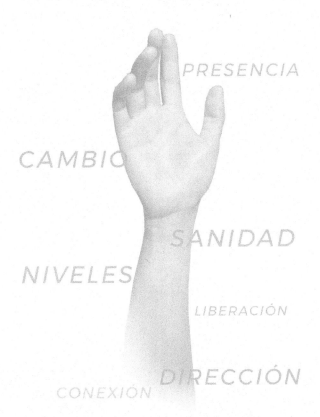

Las bendiciones de la oración

A través de toda la Escritura podemos encontrar que Dios estableció el siguiente principio: Él solo interviene en la Tierra cuando hay oración de por medio. La oración nos ayuda a canalizar la voluntad de Dios. Aunque Él vea que necesitas de Su ayuda, no intervendrá hasta que tú ores.

Durante veinticinco años he comprobado que Dios se moviliza en respuesta a la oración. Él no intervendrá en nuestra vida si no oramos. Dios no se manifestará en nosotros sin una oración que lo preceda. Él se da en respuesta a la oración de alguien.

Posiblemente Dios te haya tocado un día que no estabas orando, pero no pienses que lo hizo en ausencia de oración. Seguramente alguien debe haber estado orando a tu favor, y tú no lo sabías.

«De cierto os digo que todo lo que atéis en la tierra, será atado en el cielo; y todo lo que desatéis en la tierra, será desatado en el cielo» (Mateo 18:18).

La Biblia dice que los milagros se provocan en la tierra y se desatan en los cielos. Por lo tanto, se desatan desde los cielos cuando la tierra los provoca.

Lamentablemente, las naciones de esta tierra están llenas de iglesias débiles, controladas por la emoción y por el espíritu del mundo. Esto es porque no han entendido el poder que tiene una Iglesia cuando ora. Ningún cristiano tendrá una vida fructífera ni podrá influir en las cosas espirituales, si no tiene una vida de oración.

El Evangelio no se predica con palabrería, sino con poder, con maravillas, señales y prodigios. El mundo está diseñado para creer en un Evangelio de evidencia, y nadie puede mostrar maravillas, señales y prodigios si no está lleno del Espíritu Santo. Pero tampoco se puede estar lleno del Espíritu Santo sin una vida plena de oración, porque la oración nos ayuda a tener comunión con Dios, y a conocer un sinnúmero de misterios.

Si pudieras preguntarle a Daniel por qué oraba. Él te respondería: «Porque a través de la oración conozco a Dios y Sus misterios». Tanto Daniel como David oraban tres veces al día. Todo hombre que conoció a Dios en una profunda intimidad, tuvo una intensa vida de oración.

Si realmente quieres vivir fuera del control de los sentimientos, de las emociones de la carne, y permanecer en el fluir del Espíritu de Dios, necesitas tener una vida de oración, sin la cual no tendrás victoria.

Dios no responde a las quejas, a las lamentaciones ni a los sentimientos. Dios responde a la oración.

En Jeremías 33:3, hay dos bendiciones desatadas por el clamor a Dios:

———————————————●———————————————

«Clama a mí, y yo te responderé, y te enseñaré cosas grandes y ocultas que tú no conoces».

———————————————●———————————————

El que clama a Dios es escuchado y obtiene respuesta, pero Dios no responde antes, sino después del clamor.

1. *«Clama a mí, y yo te responderé»*
En primer lugar, clama, ora. Una vez que tú clames, Él abrirá tus oídos para que escuches Su voz, para que no andes a ciegas en el mundo espiritual ni tampoco improvises, sino que camines con certeza y seguridad. Porque la oración te llevará a oír la voz del Dios todopoderoso. Y quien escucha Su voz tiene ventajas sobrenaturales, porque camina en otra dimensión. El que escucha la voz de Dios y la obedece tendrá el poder divino en esta tierra.

2. *«y te enseñaré cosas grandes y ocultas que tú no conoces».*
Después de clamar, Él te responderá y te enseñará, te mostrará, abrirá tus ojos para que puedas ver aquello que no puedes advertir con los ojos naturales. Solo la oración te hace elegible para que tus ojos sean abiertos, y puedas ver cosas grandes y profundas de Dios que no pue-

des ver con los ojos carnales, ni con una mente natural. Porque las profundidades del Señor se encuentran en una vida de oración. Él no se revela a personas que no tengan este tipo de vida. Por eso, Dios quiere que tomes la seria decisión de establecer tu vida de oración por encima de todo.

Daniel y David, hombres de oración

Las cosas profundas de Dios son reveladas a gente de oración, y la Biblia está llena de esos ejemplos. Uno de ellos fue Daniel. Los magos, los astrólogos, los encantadores y los caldeos no pudieron revelarle al rey Nabucodonosor cuál era el sueño que había olvidado (Daniel 2:1-4). No podían hacerlo porque no tenían acceso al mundo espiritual. No hay brujo ni adivino que acceda a los sueños de Dios, pues a estos solo ingresan las mujeres y los hombres llenos de Su Espíritu.

De modo que Daniel, sin ningún temor, le dijo a Nabucodonosor que él le diría no solo lo que había soñado, sino también la interpretación de ese sueño:

«Y Daniel entró y pidió al rey que le diese tiempo, y que él mostraría la interpretación al rey» (Daniel 2:16).

Daniel conocía el poder que tiene la oración y también sabía que, al que ora, Dios le responde. La Biblia continúa relatando que Daniel fue con sus compañeros «*para que pidiesen misericordias del Dios del cielo sobre este misterio, a fin de que Daniel y sus compañeros no pereciesen con los otros sabios de Babilonia*» *(Daniel 2:18)*.

Dios no solo le mostró el sueño a Daniel, sino que también le dijo los pensamientos que el rey tuvo antes de dormirse, además le dio la revelación. Cuando Daniel le declaró el significado, se quedó tan asombrado que le dijo: «*Ciertamente el Dios vuestro es Dios de dioses, y Señor de los reyes, y el que revela los misterios, pues pudiste revelar este misterio*» *(Daniel 2:47)*.

Daniel operaba con un espíritu superior, pues la gente que ora vive y camina en otra esfera, en otra dimensión. Nada hay imposible para el que ora. Estoy convencido de eso, porque durante veinticinco años he visto que el poder de la oración quebranta los corazones y derrite las piedras, si es necesario.

Otro ejemplo del poder de la oración es David: el único rey que nunca perdió una batalla. Todos los reyes fueron derrotados en algún momento, aún Salomón. ¿Por qué David nunca fue vencido? Porque oraba tres veces al día. El que ora no pierde batallas. El que ora no es vencido por Satanás. El que ora no es dominado por la carne. Porque la oración pone al mundo de rodillas y hace que el infierno se estremezca.

Samuel, un profeta conectado al cielo

Cuando la Biblia habla de Samuel, muestra que tenía tres funciones: era juez, profeta y sacerdote. Samuel era un gran hombre, de quien se dice que *«Jehová estaba con él y no dejó caer a tierra ninguna de sus palabras» (1 Samuel 3:19).* Eso significa que, lo que Samuel hablaba, sucedía. Había tanto poder en la boca de Samuel, que lo que decretaba, se manifestaba.

Un día, Samuel oró y Jehová lo escuchó. Y dijo Samuel: «Si yo soy siervo de Dios, que truene», entonces vinieron truenos y relámpagos, y los filisteos fueron atemorizados y vencidos por Israel *(1 Samuel 7:9-10).* Y todo Israel reconoció que Samuel, que estaba delante de ellos, era un profeta de Dios.

¿Cuál era el secreto de Samuel? Era un hombre de oración. Cuando Dios rechazó a Saúl, Samuel pasó la noche orando y llorando:

«Y vino palabra de Jehová a Samuel, diciendo: Me pesa haber puesto por rey a Saúl, porque se ha vuelto de en pos de mí, y no ha cumplido mis palabras. Y se apesadumbró Samuel, y clamó a Jehová toda aquella noche» (1 Samuel 15:10-11).

Samuel era un hombre que oraba de noche, que tenía intimidad con Dios. Esa es y siempre ha sido la clave para una vida de victoria, una vida sensible a la presencia de Dios.

Hoy en día, como Iglesia, debemos volver nuestro rostro a Dios, buscándole en oración. Estoy seguro de que Él inclinará su oído a escucharnos, y nos responderá en el nombre poderoso de Jesús.

Hay sucesos que quieres ver en tu vida y que el diablo tiene detenidos en el aire. No es que Dios no quiera concedértelos, sino que es necesario dar la pelea, reprender al principado, «atar al hombre fuerte».

> *Hay oraciones que libran batallas, que se convierten en guerra espiritual.*

Jesucristo habló de la guerra espiritual y dijo: «*Ninguno puede entrar en la casa de un hombre fuerte y saquear sus bienes, si antes no le ata, y entonces podrá saquear su casa*» *(Marcos 3:27).*

Si quieres tomar el botín que te pertenece, amarra al hombre fuerte y entonces podrás saquear su casa. También, el apóstol Pablo dijo: «*Porque no tenemos lucha contra sangre y carne, sino contra principados, contra potestades, contra los gobernadores de las tinieblas de este siglo, contra huestes espirituales de maldad en las regiones celestes*» *(Efesios 6:12).*

Pablo conocía a Lucifer, pero también conocía el poder del Espíritu Santo de Dios. Así mismo, tú no puedes dejar que el diablo haga lo que quiera con tu matrimonio ni con tus hijos. Levántate en fe y comienza a orar. Pastor, levántate en fe por tu iglesia y tu ciudad. Amado lector, levántate en fe, porque Dios dice: «*Clama a mí, y yo responderé*».

Oración intensiva

Había un tema que necesitaba que Dios rompiera y tenía la plena seguridad de que solamente con oración obtendría la respuesta. Por eso, me levanté muy de mañana, oré, oré, oré y oré, hasta que ¡pum!, se me presentó un león y rugió delante de mí. En ese momento declaré: «Si el león ruge, tengo la victoria. Si el león ruge, los demonios huyen». La Biblia nos muestra que Dios ha establecido que vendrá y se manifestará en respuesta a una vida de oración. Así fue como yo conocí la importancia de la oración intensiva.

Algunos dirán: «Pastor, no puedo orar porque estoy en pecado». Es que debes entender que justamente ese es el momento cuando más tienes que orar. Porque la oración nos lleva a conocer la santidad. Si quieres cambiar tu estilo de vida, ¿vas a ponerte a mirar series todo el día? Así nunca vas a cambiar. «Es que estoy atado a esto, pastor», dicen otros. «Dios no me escucha, soy un inmundo», agregan algunos. Justamente allí es cuando deben decir: «Señor, te necesito, líbrame de este pecado, fortaléceme en mi debilidad». Porque, ¿quién te va a liberar si no es Dios? ¿Quién te va a santificar, si no es Dios? ¿Quién te va a llenar de Su Espíritu Santo, si no es Dios? No hay nadie más. No hay otro dios fuera de nuestro Dios. Él es el único que puede darnos salvación y liberación.

A través de Su Palabra, Dios nos ha mostrado cómo interviene y trae cambios significativos a nuestro favor cuando tenemos una vida de oración. No hay alguien que vea más que aquel que ora.

Una de las primeras mujeres que habló del Espíritu Santo en Estados Unidos se llama María Esther. Ella llegó a una ciudad que estaba completamente atada, rodeada de demonios. Pero esta mujer de Dios dijo: «Solo denme una noche a solas con Dios, y al día siguiente ustedes verán que la ciudad comenzará a responder». Ella afirmaba que ataba los principados y hacía guerra espiritual la noche entera con Dios. Y cuando comenzaba la campaña, las personas caían al piso, y permanecían tendidas allí por horas, llorando, quebrantadas, arrepentidas. Ocurrían milagros extraordinarios.

Hasta el día de hoy, nunca he visto a alguien que haya dicho: «Me pasé todo el día mirando televisión y Dios me usó para hacer milagros». Todas las historias de los grandes hombres de Dios nos muestran que Su gloria descendió después de orar, de buscar, de ayunar y de interceder.

El Dios que observa

Dios ama al pecador, pero aborrece el pecado. En una oportunidad Israel pecó delante de Dios porque se postró ante ídolos. Esto trajo como consecuencia que el Señor le diera la espalda y los entregó a Madián por siete años.

En ese tiempo el pueblo de Israel no pudo prosperar, porque cuando estaban a punto de cosechar, llegaba el ejército de Madián como las langostas, y arrasaba con todo lo que habían sembrado, y también con el ganado. Así se empobrecía Israel. Entonces, los hijos de Israel decidieron clamar a Jehová *(Jueces 6:1-6)*.

Además, los hijos de Israel no solo vivían en la miseria y la pobreza, sino que un espíritu de temor se había apoderado de ellos, pues vivían en cuevas y en catacumbas. Estaban asustados, no tenían valor para enfrentar a los madianitas y defender su tierra. Sin embargo, cuando los hijos de Israel clamaron a Jehová, a causa de los madianitas, Dios les envió un profeta.

Ahora, quiero que te detengas a meditar en esta pregunta: ¿Dónde estaba Dios en esos siete años de opresión del pueblo de Israel? Aunque se trataba del pueblo escogido, Dios se quedó viéndolo sufrir, veía al niño llorando de hambre, a la mamá perturbada por no poder darle comida; miraba cómo vivía escondiéndose, cómo empobrecía y era azotado por los madianitas, pero no hizo nada.

¿No te da miedo de que Dios pueda quedarse sin hacer nada ante tu necesidad? El Señor no hizo nada por siete años. Nada. Solo observó. ¿Sabes cuándo apareció la intervención de Dios? Cuando el pueblo clamó y buscó a Jehová.

Del mismo modo, puede ser que Dios esté sin hacer nada en tu vida porque no clamas ni oras. Puede estar observándote en tu necesidad, y no va a intervenir hasta que ores, hasta que clames.

Si no hay un avivamiento en tu ciudad, no es por culpa de Dios, es porque no hay oración. La Palabra de Dios no escasea porque al Señor se le haya ido la voz, sino porque al hombre le ha faltado la voz para clamarle a Él.

Quiero despertar en tu vida el espíritu de oración. Quiero que ores más de lo que comes, más de lo que duermes. Quiero que busques a Dios más que a tu propia vida. Te garantizo que si así lo haces tendrás más que lo que tienes, y que vas a ser dimensionado y bendecido por Dios.

Dios estableció este principio de responder solo a la oración, antes de que el pueblo cayera en manos de Madián: «*Entonces Jehová dijo a Abram: Ten por cierto que tu descendencia morará en tierra ajena, y será esclava allí, y será oprimida cuatrocientos años. Mas también a la nación a la cual servirán, juzgaré yo; y después de esto saldrán con gran riqueza*» *(Génesis 15:13-14).*

Dios le estaba hablando a Abram acerca del pueblo de Israel en Egipto, pero pasaron los cuatrocientos años, y Dios seguía sin hacer nada.

Treinta años más vivió el pueblo en cautiverio porque estaba callado, pero cuando clamó, de inmediato fue escuchado: «*Y oyó Dios el gemido de ellos, y se acordó de su pacto con Abraham, Isaac y Jacob. Y miró Dios a los hijos de Israel, y los reconoció Dios*» *(Éxodo 2:24-25*).

Entonces Jehová hizo que Moisés regresara a su pueblo, porque la oración trae libertad. La oración produce libertadores ungidos, profetas, enviados, gente con los ojos abiertos.

Hemos perdido este valor de la oración, y hay que recuperarlo. En mi país, República Dominicana, cuando se hacían retiros pastorales, muchos ministros se reunían, pero a desayunar abundantemente. En realidad, tendríamos que juntarnos a llorar en el altar y a ayunar hasta que el espíritu del Señor descienda y nos escuche.

Dios intervino en Egipto solo cuando los israelitas clamaron. Esa misma historia se repitió con Madián. Dios estuvo en silencio y observando. Él lo veía todo, pero no hizo nada. Porque nuestro Dios es un Dios de principios. Él se somete a Su propia palabra, a lo que Él mismo instituyó: «Clama a mí y yo responderé. Toca a la puerta y yo abriré. Pide y te daré. Busca y haré que encuentres». Esto fue establecido, y no será cambiado.

Ver que el Padre se haya quedado en silencio durante siete años, mirando a sus hijos sufrir, da a entender lo importante que es para Él la oración. Él no puede intervenir cuando tú no lo llamas, porque violaría tu libre albedrío. El Señor estableció el libre albedrío para que voluntariamente escojamos a quién servir. Por esa razón, Él no entra en acción en respuesta al dolor, a la pobreza, a Madián. Dios entra en acción en respuesta al clamor.

Así que, puedes pasar el día gritando, llorando y quejándote, que Dios no va a reaccionar. Él solo responderá a tu oración. Entonces, ¿para qué tienes que orar? Para que Dios responda tu oración.

La oración trae lo profético y lo celestial

La Escritura relata que cuando el pueblo oró, Dios intervino enviando a un profeta. La oración trae lo profético a tu vida, y cuando lo profético llega, te hace entender que, aunque estés en una situación difícil, tienes un destino el cual seguir. Lo profético te revela el mañana, te dice que no te preocupes por lo que estás experimentando, porque Dios tiene planes para tu vida. La oración trae la unción profética, que no es otra cosa que la revelación del mañana. Amado lector, profetizo que, si entras en un tiempo de oración profunda, vendrán días proféticos, palabra profética sobre tu vida.

> *Si entras en oración profunda,*
> *vendrá a ti la revelación divina, y serás*
> *animado y reanimado, serás avivado*
> *por la palabra del Espíritu a tu espíritu.*

Cuando ores, Dios enviará un profeta a tu vida. Pero no solo llegará para anunciarte una casa, un trabajo o un logro material; los profetas genuinos también te hablan acerca de las cosas que debes dejar.

Cuando el profeta llega, dice: «Tienes que limpiarte, prepararte, santificarte. Tienes que cambiar. ¿Has pecado? Arrepiéntete». Del mismo modo que Samuel se dirigió a Israel: «*Si de todo vuestro corazón os volvéis a Jehová, quitad los dioses ajenos y a Astarot de entre vosotros, y preparad vuestro corazón a Jehová, y sólo a él servid, y os librará de la mano de los filisteos*» (*1 Samuel 7:3*).

Dios no puede llegar, si primero no está el profeta. Por eso es que Saúl no conoció al Espíritu de Dios antes de conocer a Samuel, porque lo profético no solo te da lo material, sino que también te alinea, te revela lo escondido, lo malo que tienes, para que te arrepientas de eso. Lo profético te santifica y te lleva a Dios. Pero hay muchos falsos profetas que solo te llevan a la fama, al dinero, a tonterías pasajeras. Los profetas te dicen: «¡Allana el camino, endereza lo torcido, porque viene el Padre!».

Cuando el pueblo clamó, llegó el profeta y profetizó. Y después del profeta ¿quién llegó? El ángel de Jehová. Lo profético trae lo celestial, prepara el camino para que el cielo gobierne en la tierra.

Después de que el profeta llegó a Israel, se le apareció el ángel de Jehová a Gedeón y le dijo: *«Jehová está contigo, varón esforzado y valiente»* (*Jueces 6:12b*).

La oración activa a los ángeles a tu favor, hace que Jehová te dé la victoria, que tu tiempo cambie, que todo crezca en tu vida y para tu familia, que coseches todas las cosas que has sembrado. «¡Te coronaré con bendición y gloria!», dice el Espíritu Santo de Dios.

Cuando la Iglesia ora, viene la palabra profética, entonces llega lo celestial, lo angelical, lo divino. Dios no varía, en Él no hay sombra de variación. Él sigue su principio: envía a un profeta y después, a un ángel.

¿Qué hizo Dios con Jesucristo? Levantó una voz que clamaba en el desierto, el profeta Juan, quien decía: Preparen el camino, enderecen lo torcido. Que se suba lo que esté bajo y se baje lo que esté alto *(Lucas 3:4-5)*. ¿Y por qué? Porque detrás del profeta venía Jesús. Lo profético te alinea, te santifica y declara de parte de Dios lo siguiente: «¡Ten cuidado que Yo te estoy viendo!».

La llegada del llamado

Después de que el profeta viene y aparece el ángel de Jehová, lo tercero que sucede es que Dios hace un llamado a alguien. La oración nos hace elegibles para ser llamados por Dios para operar en las cosas sobrenaturales. Con la oración, la vida cambia, porque Dios nos trae maravillas gloriosas.

Saúl, antes de encontrarse con el poder de Dios, se encontró con el profeta, quien lo alineó, lo instruyó, le mostró que él estaba para cosas grandes. El profeta le dijo: «*Y de las asnas que se te perdieron hace ya tres días, pierde cuidado de ellas, porque se han hallado. Mas ¿para quién es todo lo que hay de codiciable en Israel, sino para ti y para toda la casa de tu padre?*» (*1 Samuel 9:20*).

A Gedeón, el ángel de Dios le habló diciendo: «*Ve con esta tu fuerza, y salvarás a Israel de la mano de los madianitas. ¿No te envío yo?*» (*Jueces 6:14b*).

Lo mismo sucedió con Elí. Antes de que la gloria de Dios arribara la tierra donde estaba Elí, allí no había presencia ni voz de Dios, pero dice la Biblia que llegó un profeta, uno de esos sin nombre, de los que no son famosos, de los que están escondidos, y le dijo: «*Por tanto, Jehová el Dios de Israel dice: Yo había dicho que tu casa y la casa de tu padre andarían delante de mí perpetuamente; mas ahora ha dicho Jehová: Nunca yo tal haga, porque yo hon-*

raré a los que me honran, y los que me desprecian serán tenidos en poco. He aquí, vienen días en que cortaré tu brazo y el brazo de la casa de tu padre, de modo que no haya anciano en tu casa. Verás tu casa humillada, mientras Dios colma de bienes a Israel; y en ningún tiempo habrá anciano en tu casa» (*1 Samuel 2:30-32*).

Después de que el profeta pasó, llegó Dios y se le reveló a Samuel. Lo mismo sucedió con Jesús, quien no se manifestó hasta que Juan el bautista profetizó en el Jordán. De igual manera, la oración traerá a tu vida una unción profética, que te permitirá mirar con los ojos abiertos para conocer el mañana desde el presente.

Una vez, estando en una región de Colombia llamada Apartadó, cerca de Turbo, Antioquia, estuve orando toda una noche, y de repente se me presentó un personaje que me habló al oído y me dijo: «Mañana, a la cruzada vendrá una mujer que tiene cáncer», y me dio su nombre. La oración me hizo ver el mañana. Mientras estaba de rodillas, a las tres de la mañana, vi el milagro que sucedería la noche siguiente. Cuando la palabra profética de Dios viene a nuestra vida, toda duda desaparece, porque la oración te filtra, te santifica en el Espíritu, te prepara para que no dudes de lo que vas a oír y ver de parte del Espíritu Santo. Así que, al día siguiente, llamé a la mujer sin dudar. Ella apareció, no era cristiana. El ángel me había dicho: «Ella no es cristiana, mas Jehová le ha concedido la sanidad, porque así le ha placido a Dios». ¿Quién soy yo para decirle a Dios a quién sanar o no sanar? Esa noche la mujer fue curada de cáncer. Literalmente, cayó derribada. Dios la llamó de entre seis mil personas. Y la gente se pregunta: «¿Cómo ese hombre supo que estaba enferma?». Porque la oración nos lleva a ver el mañana desde el presente.

En otra ocasión, en Carolina del Norte, en alguna iglesia que no recuerdo bien su nombre, estaba orando en el Espíritu, cuando de pronto, a las tres o cuatro de la tarde, Dios me dio una visión: Era la reunión de las ocho de la noche, en donde vi que llegó un hombre paralítico. Observé claramente su vestimenta. Vi dónde se sentaba y cómo Dios lo levantaba de la silla de ruedas. Cuando aquella noche llegué a la iglesia, vi al hombre en el mismo lugar, en la misma silla, con la misma ropa. ¿Cómo iba a dudar, si estuve allí antes de haber estado?

La oración te va a conectar con otras dimensiones del mundo espiritual que la gente carnal no puede entender, solo los espirituales lo comprenden. Entonces, ¿por qué tienes que orar? Porque Dios solo hablará contigo a través de la oración. No tendrás visión, si no oras. No serás lleno del Espíritu Santo, si no oras. No podrás certificarte, sin una vida de oración.

Lo preocupante es que el motivo por el cual Israel clamó, fue por la opresión que sufría. Del mismo modo, hay personas que solo hablan con Dios cuando están bajo opresión, pues no tienen comunión con Él. Temo que la gente solo busque a Dios cuando Madián la esté hiriendo, porque eso no termina bien.

Gedeón comenzó bien y terminó mal. Porque, aunque era un buen guerrero, nunca tuvo comunión con Dios. Gedeón terminó mal porque tuvo un llamado, pero no quiso mantener una comunión constante con Dios.

Muchas iglesias y muchos cristianos solo buscan a Dios por la opresión que sufren. Esas personas viven con un plato y una cuchara en la mano, dependiendo de que alguien les traiga comida espiritual. Pero los que buscan a Dios todo el tiempo, comen manjares espirituales. Si esperas a tener problemas para buscar a Dios, no eres espiritual. Por lo tanto, búscalo en todo tiempo. Activa la pasión por buscar a Dios en oración. Si lo haces, serás literalmente transformado. Dios hará maravillas en tu vida.

Capítulo II

CUANDO BUSCAS
A DIOS

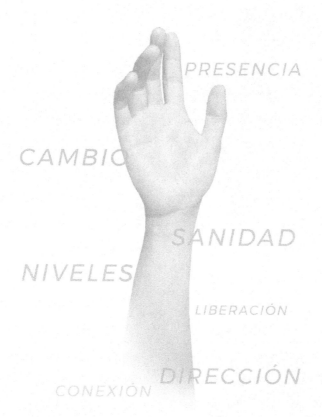

Dios hace prosperar al que lo busca

¿Por qué tienes que orar? Hay un sinnúmero de motivos que nos muestran la necesidad de orar. Jesucristo vivió treinta años en el anonimato, después manifestó su ministerio y permaneció tres años y medio haciendo milagros, maravillas y predicando el Evangelio del reino. Luego de esos pocos años, Jesús fue crucificado. Murió, resucitó y está a la diestra de Dios, intercediendo por aquellos que, a través de Él, se acercan al Padre. Desde hace más de dos mil años Jesús intercede por nosotros. Así de importante es la oración. Además, los beneficios de orar y de buscar a Dios con un corazón humilde y sincero, son inimaginables.

Si persistimos en la oración, nuestra vida será literalmente transformada, afinada y alineada con la voluntad y el propósito de Dios. La Biblia, desde Génesis hasta Apocalipsis, nos muestra los beneficios que vamos a experimentar si oramos. Nuestra vida jamás será la misma si mantenemos la constancia en la oración. Esta nos llevará al éxito en todo lo que emprendamos, de acuerdo a la voluntad de Dios. La oración nos ayuda a permanecer firmes, a pesar de no tener lo que queremos. La constancia en la oración es clave para poder ganar todas las batallas y vencer al enemigo. De hecho, en la búsqueda de Dios, nuestra constancia nos va a ayudar a encontrar Su respuesta.

La Biblia nos dice de Uzías, uno de los reyes de Israel, lo siguiente:

«Y persistió en buscar a Dios en los días de Zacarías, entendido en visiones de Dios; y en estos días en que buscó a Jehová, él le prosperó» (2 Crónicas 26:5).

Cuando buscas a Dios, y tienes el privilegio de entender que debes buscarlo, recibes maravillas de Su parte, como le sucedió a Uzías. Pues la prosperidad y la bendición de Dios se activaron en su vida, cuando comenzó a buscarlo.

Hay visitaciones de Dios que están condicionadas a la búsqueda del hombre. Hay visitaciones, manifestaciones, revelaciones y milagros que son una extensión de la mano de Dios a nuestro favor, que está condicionada a que busquemos Su rostro. Dios dice:

«Si se humillare mi pueblo, sobre el cual mi nombre es invocado, y oraren, y buscaren mi rostro, y se convirtieren de sus malos caminos; entonces yo oiré desde los cielos, y perdonaré sus pecados, y sanaré su tierra» (2 Crónicas 7:14).

A Él le ha placido hacerlo así. Por eso, en el capítulo anterior decíamos que, cuando el pueblo clamó a

Dios, Él lo escuchó y envió a un profeta. Mientras el pueblo estuvo callado, el Señor solo observó. Pero cuando el pueblo clamó, Dios intervino en su favor. Es decir, nuestro Dios está pronto a reaccionar según nuestro proceder. ¡El poder de Dios se muestra donde hay fe, donde le creen!

Una persona con una vida de oración, de rendición y adoración es elegible para que la *Shekhiná* de Jehová, la presencia de Dios, fluya veinticuatro horas al día sobre ella, sobre su casa, sobre su iglesia y su ministerio. No somos gente de las tinieblas, somos gente de la luz. No fuimos diseñados para caminar en sequedad, como un desierto. Fuimos diseñados y atraídos por Dios para caminar como ungidos.

La voluntad de Dios para Su pueblo es que sea como Samuel, que camine ungido delante del Señor, todos los días de su vida. El avivamiento no es otra cosa que una constante búsqueda de Dios. No es un derramamiento el día domingo, sino la permanente búsqueda del Señor, de Su gloria y de Su Presencia. Si buscas constantemente, constantemente recibirás. Si tocas continuamente, continuamente se te abrirá. Si clamas persistentemente, persistentemente se te responderá.

Se dice que, antes de obtener la prosperidad de Dios, Su bendición, Uzías lo buscó. Esto nos da a entender que, si no lo buscamos, no lo encontraremos. Hay gente que dice: «Dios lo va a hacer». Pero no es así. Dios dice: «Buscad y hallaréis. Tocad y se te abrirá». Hay una parte que te corresponde a ti, y otra que luego hará Él. Hay un esfuerzo que tienes que hacer de tu parte, aun cuando no lo quieras, pues no te levantarás todos los días bailando para ir a orar. A veces tendrás que amarrar a la bestia, doblegarla y obligarla a orar, aunque no quiera.

En Uzías podemos observar que el beneficio que recibió por buscar a Dios, fue la prosperidad divina. Dios lo prosperó en todas las cosas, porque lo buscó. La Biblia está llena de ejemplos que respaldan estas palabras. El que busca a Dios, será prosperado. Todo el que buscó a Dios, fue prosperado, bendecido, alcanzado y dimensionado por Él. Ese es un principio que no cambia, aunque avance la tecnología.

De generación en generación, Él ha sido Dios. Él sigue siendo el mismo. Lo que le funcionó a Moisés, te funcionará a ti. Lo que le funcionó a Uzías, te funcionará a ti. Porque Él dice: «El que busca, halla». Y Jesucristo trae la dimensión del Antiguo Testamento y la establece en el Nuevo Testamento. De modo que, el que buscó en el Antiguo Testamento, encontró. Y el que buscó en el Nuevo Testamento también lo halló. El que clamó en el Antiguo, que clame también en el Nuevo, y recibirá su respuesta.

Todos los primeros sábados del mes, Dios nos indicó que hiciéramos un retiro, dándonos la oportunidad de separar un día para estar con Él. Aun así, muchos no lo hacen. Tal vez tú seas uno de ellos. Si es así, tienes que cambiar tu vida. Ese primer sábado es para que te olvides del trabajo, de la esposa o del marido, de los hijos, y busques a Dios hasta saciarte, que te unas al clamor. Ese es un día de ayuno, para que ores, para que no hagas desayuno ni cocines, sino solo te unas al resto de la congregación para buscar a Dios.

Pero quizás tomas todos los sábados de vacaciones, y el único sábado que quieres ir a trabajar es el día de retiro. Si es así, te estás descarriando, y seguramente no te estás dando cuenta. Estás dejando de buscar a Jehová, el que te da la fuerza y el sueño, el que te levanta por la mañana, el que te da la gracia.

¿Qué es lo que te pasa? Busca a Dios con todo tu corazón y toda tu alma, pues llegará el día en que Dios nos diga: «Mis siervos, si ustedes no quieren, yo buscaré a otros». Dios puede sustituirnos a cualquiera de nosotros, así como sustituyó a Saúl por David, a Elí por Samuel.

El que tiene hambre, busca a Dios, y el primer beneficio que encuentra es la prosperidad. Cuando buscamos al Señor, todo lo nuestro prospera. Hay cientos de testimonios de empresarios que sirven a Dios, y Él los hace prosperar. Abraham no tenía un ministerio de milagros, lo suyo era sembrar y cosechar; criar vacas, chivos y ovejas. Pero Dios lo bendijo. Lo hizo prosperar en oro y plata, en ovejas y en toda riqueza, porque él, a donde quiera que iba, levantaba un altar y se ponía en contacto con Dios.

Tú puedes ser un hombre de Dios que trabaja con su empresa en el mundo secular. Te animo a que invites al Espíritu Santo a tu negocio. Busca a Dios temprano, antes de ir a tu empresa, y dile: «Papá, este negocio es tuyo, yo solo soy tu administrador. ¡Esto es tuyo, Papá!». Y Él hará que prosperes, que no te engañen, que todo lo que hagas en tu camino, progrese. ¿Permitirá Dios que tu negocio caiga? Tal vez, pero solo para darte otro mejor.

Hoy, el Espíritu Santo te está entregando este mensaje porque se ha abierto un portal espiritual para que tengas un encuentro diario con Él. Tal vez eres de los que exigen que el pastor visite su casa todos los días, pero el Espíritu Santo te ha estado hablando por años, diciendo: «Lo que voy a hacer contigo, no tiene nada que ver con el pastor. Es una decisión que tú debes tomar». El Espíritu Santo ha decretado un tiempo especial para esta tierra. Este tiempo de pandemia mundial será para que mucha gente se encuentre con la gloria de Dios en su vida.

Volver el rostro a Dios

Daniel fue uno de los hombres más entendidos que haya existido. Era el hombre de los ojos abiertos, con quien Dios hablaba, y a quien libró de los leones. Daniel pudo ver el sueño de Nabucodonosor porque tenía un espíritu superior:

«*Pero Daniel mismo era superior a estos sátrapas y gobernadores, porque había en él un espíritu superior; y el rey pensó en ponerlo sobre todo el reino*» (*Daniel 6:3*). La gente que busca a Dios tiene un espíritu superior, está por encima de los que no buscan al Señor.

> *Cuando alguien es constante en la oración y en la lectura de la Palabra, cuando es humilde delante de Dios, su espíritu siempre será superior al de los demás.*

Daniel, después de que Dios hizo tantas maravillas con él, empezó a hacer cosas extraordinarias. De pronto, comenzó a leer el libro de Jeremías, y se dio cuenta de que había un atraso en la profecía y en el cumplimiento:

«En el año primero de su reinado, yo Daniel miré atentamente en los libros el número de los años de que habló Jehová al profeta Jeremías, que habían de cumplirse las desolaciones de Jerusalén en setenta años. Y volví mi rostro a Dios el Señor, buscándole en oración y ruego, en ayuno, cilicio y ceniza» (*Daniel 9:2-3*).

Entonces Daniel entró en una temporada de búsqueda de Jehová porque entendió que había algo de Dios que estaba suspendido en el tiempo, que no se estaba cumpliendo ni manifestando. Del mismo modo, muchos de nosotros tenemos promesas que están suspendidas en el aire y que no terminan de bajar a la tierra. Tenemos sueños, visiones, profecías, pero no se cumplen, entonces nos preguntamos: «¿Acaso estoy en pecado? ¿Es que Dios no me oye? ¿Qué es lo que está pasando?». A veces hay fuerzas contrarias que retrasan el cumplimiento de las profecías que nos fueron dadas. Pero Daniel supo lo que tenía que hacer. Él descubrió la clave para acelerar el cumplimiento: «Buscar a Dios».

Así que, si Dios te ha dicho que te va a dar un hijo: ¡Búscalo en oración! Porque Él cumple sus promesas. Dios dice: «Si me buscas, yo traeré lo que esperas».

Dios está en busca de hombres y mujeres hambrientas que verdaderamente adoren en el espíritu. Dios quiere ver tu compromiso para hacerte caso, quiere saber si estás tomándolo en serio. Él sabe muy bien cuándo tu oración y tu adoración son de labios para afuera, o cuando hay verdadera fidelidad. Dios te va a poner a prueba para ver a quién escoges: si a Él o a la oferta.

Mi búsqueda intensa de Dios

Cuando tenía unos dieciséis o diecisiete años, estaba buscando trabajo y finalmente conseguí uno como bolero, recogiendo las pelotas de los que jugaban tenis en la cancha de un hotel. Era el asistente del maestro de ese lugar, jugaba tenis y trabajaba allí, a cambio de un pequeño pago, $150 pesos. Pero iba más por la comida que me daban en el hotel, ya que allí tenía alimento asegurado.

Un día, el jefe me dijo: «Tienes que venir los domingos también». Y yo pensé: «Me voy a perder la escuela dominical y el culto». Así que le pregunté a qué hora tenía que estar allí, y él me respondió: «Desde la mañana hasta la tarde. Y si no vienes, pierdes el trabajo, porque te necesito aquí». Entonces respondí: «Bueno, quédese con su trabajo, aunque me muera de hambre. ¡Jehová traerá un chivo para darme comida!». Tuve que dejar ese trabajo porque me iba a impedir asistir a la iglesia.

Pero a la generación de hoy no le importa perder su encuentro con Dios. Cualquier muchacho en la misma situación, simplemente preguntaría: «¿Cuánto dinero me va a dar?». «Te voy a dar cinco pesos más para que vengas el domingo», podría responder el jefe. «Muy bien, aquí estaré», respondería el muchacho.

Actualmente, muchos jóvenes no comprenden la importancia del compromiso que significa buscar a Dios. Con el tiempo se acercan a la iglesia, cansados, estresados y con la apariencia de un cadáver, y dicen: «¡Ora por mí, pastor!». Entonces les hablo de las prioridades en su vida, de la importancia que le dan al trabajo en relación a los tiempos que necesitan pasar en la Presencia de Dios.

Cuando Simón el mago le ofreció dinero a Pedro y a Juan para que le dieran el poder de la imposición de manos, la respuesta fue:

«¡Que tu dinero perezca contigo —le contestó Pedro—, porque intentaste comprar el don de Dios con dinero!» (Hechos 8:20).

Hay cosas más importantes que el dinero, que el trabajo y que las oportunidades: el Espíritu Santo, la gracia de Dios. Cuando dejé aquel trabajo, no me morí de hambre. Ahora tengo que hacer deportes o correr para rebajar de peso. Primero siempre es Dios.

Daniel comenzó a buscar a Dios diciendo: «*Y volví mi rostro a Dios el Señor*». Aunque pareciera que esto es algo insignificante, no lo es. Cuando Daniel volvió su rostro a Dios, cambió el foco de su visión, dejó de poner la mirada en las cosas de la tierra y puso su mirada en las cosas del cielo. Dejó de distraerse para enfocarse en Dios. Dejó de perder tiempo en otras cosas para invertirlo en Dios. Volvió su rostro, pues no podemos buscar al Señor con los ojos puestos en otras cosas.

«Puestos los ojos en Jesús, el autor y consumador de la fe» (Hebreos 12:2a).

Cuando comienzas a buscar a Dios, lo ves en todos lados, respiras a Dios, lees libros de Dios, buscas que tus conversaciones te relacionen con Dios. Volver el rostro a Dios es quitar tu mirada de las cosas que no te anuncian a Dios, que no te lo revelan, y ponerla en Sus cosas.

Hace unos meses, le dije al Señor: «Dios, ¿cómo puedo caminar en lo sobrenatural, allí por donde caminaba Fulano?». Entonces lo escuché decirme en un sueño: «Dime dónde están tus ojos y te diré por dónde andan tus pies. Si pones tus ojos donde deben estar puestos, en las cosas de Dios, entonces tus pies caminarán en lo sobrenatural».

Hay personas que, por virar el rostro, por quitarlo de Dios, se convierten en estatuas de sal. Personas que están tan saladas que, si venden helados en el desierto, se empobrecen. La mujer de Lot miró hacia atrás y así quedó para siempre. Es tiempo de volver el rostro a Dios.

El pastor Benny Hinn decía que «antes de ingresar a las reuniones y operar lo sobrenatural, él no miraba nada que no tuviera que ver con la fe». En una ocasión, entró en un ascensor y se tapó los ojos para no ver nada, destacando lo importante que es mantener los ojos enfocados. Cada uno de los hombres de Dios debe cuidar sus ojos.

Si quieres caminar en lo sobrenatural, mi consejo es: Apaga la televisión. Sácala de la habitación. Todo lo que tus ojos ven debe estar relacionado con lo sobrenatural y con lo espiritual. ¿Dónde están puestos tus ojos?

Buscar a Dios en cilicio y ceniza

¿Cómo buscó Daniel a Dios? A través de seis acciones principales:

1. Poniendo sus ojos en Dios
2. Orando
3. Rogando
4. Ayunando
5. Vistiendo el cilicio
6. Cubriéndose de ceniza

¿Qué es el cilicio? Es una vestidura áspera, incómoda de llevar, y en combinación con el acto de cubrirse de cenizas o tirarse en el suelo sobre cenizas, simboliza la humillación del ser humano ante Dios, el dolor del duelo y el arrepentimiento por los pecados.

———————————————●———————————————

«Entonces dijo David a Joab, y a todo el pueblo que con él estaba: Rasgad vuestros vestidos, y ceñíos de cilicio, y haced duelo delante de Abner. Y el rey David iba detrás del féretro» (*2 Samuel 3:31*).

———————————————●———————————————

Cuando los reyes y los profetas querían humillar ante Dios, se ceñían de cilicio. Así, Daniel buscó a Dios, quebrantándose y humillándose. Si anhelas buscar a Dios, quebrántate, pero nunca digas: «Señor, quebrántame», porque no aguantarías ese quebranto.

Daniel, un gobernador, un hombre de altura, de renombre, se quitó el vestido, el esplendor y se cubrió de ceniza, se vistió de cilicio, y comenzó a dormir en el suelo, humillándose delante de Dios. Así buscó Su rostro, en cilicio y en ceniza. Hay gente que no va a dimensionar ni a cambiar hasta que no deje la cama por tres días, se tire al suelo y comience a orar, a buscar a Dios. Por años dormí en el suelo. Y conozco a jóvenes que llevan tres años durmiendo en el piso con una actitud quebrantada, de humillación, como en cilicio.

Tal vez necesites dejar tu cama por un rato, para que recibas los beneficios que te va a dar la presencia de Dios. ¡Busca a Dios! Él mira la intención del corazón. ¿Sabes qué pasó cuando comencé a dormir en el suelo en una actitud de humillación, en cilicio? En la habitación donde yo estaba había una sola puerta, y al séptimo día, literalmente se abrió otra puerta en la pared y entraron seis ángeles: Tres se hicieron a un lado, tres al otro, como una corte, y entró entonces una persona que me dijo: «Yo soy el que soy». El lugar tembló. En esa época, nadie me conocía. Pero allí estaba en ceniza, en ayuno, en oración y quebrantado. Dios me habló y me dijo: «Yo soy el que soy. Te voy a llevar a las naciones. Te voy a dar un ministerio grande, vas a tener mucha gente trabajando a tu lado. Tu ministerio va a alcanzar a miles de personas. Haré milagros que nadie ha visto aún. Sanaré a gente con el rostro deformado, volveré a formárselo. ¡Haré milagros extraordinarios!». Para ese momento no conocía a nadie, ni siquiera a Diana, mi esposa. Al único que conocía era a Dios, y Él me estaba prometiendo algo que hoy en día se está cumpliendo.

En esos días, Dios trató conmigo de forma especial. Una noche, como la número dieciocho, me sacó del cuerpo y me suspendió en el aire. Yo era un muchachito flaquito, de dieciséis años, pero desesperado, loco por Dios. Entregaba los ayunos comienzo solamente una naranja, y decía: «Voy a continuar en ayuno». Hay que ser adicto a Dios para captar Su atención. Pero eso no se logra con moderación, un poco hoy, un poco mañana. ¡Métete con Dios hasta que tú desaparezcas!

En cilicio y en ceniza buscaba Daniel a Dios, y lo hacía arrepintiéndose, pidiendo perdón no solo por los pecados del pueblo, sino por los de él:

«Y oré a Jehová mi Dios e hice confesión diciendo: Ahora, Señor, Dios grande, digno de ser temido, que guardas el pacto y la misericordia con los que te aman y guardan tus mandamientos; hemos pecado, hemos cometido iniquidad, hemos hecho impíamente, y hemos sido rebeldes, y nos hemos apartado de tus mandamientos y de tus ordenanzas» (Daniel 9:4-5).

Daniel pidió perdón, ya que nadie puede ser visitado por Dios y tener comunión con Él, si tiene un pecado escondido. Además, se le puede esconder un pecado al pastor, pero no a Dios, pues antes de que una palabra esté en tu boca, Él ya la sabe. Cuando Daniel, después de haber dado los pasos previos, se arrepintió, comenzó a ser intervenido por la eternidad y el ángel Gabriel apareció:

«Aún estaba hablando y orando, y confesando mi pecado y el pecado de mi pueblo Israel, y derramaba mi ruego delante de Jehová mi Dios por el monte santo de mi Dios; aún estaba hablando en oración, cuando el varón Gabriel, a quien había visto en la visión al principio, volando con presteza, vino a mí como a la hora del sacrificio de la tarde» (Daniel 9:20-21).

Daniel tenía pecados que sabía que a Dios no le agradaban. Quien esté orgulloso de su santidad, ya pecó. El que señala a otro, porque cree que él no peca, ya pecó. El que no peca vaya en humildad, temblando, porque sabe que en cualquier momento puede cometer un error y que solo la gracia de Dios lo mantiene de pie. Pero además de confesar su pecado, Daniel estaba derramando en humildad su ruego: ¡Estaba quebrantado! ¡Se quebraba vertiendo su corazón!

Muchos líderes oran contenidos, sin conmoverse, sin exaltación; pero Daniel no era así, él decía, mientras derramaba su corazón ante Dios en arrepentimiento: «¡Señor del cielo y de la tierra, Jehová...!».

La Palabra dice que el ángel Gabriel apareció *«como a la hora del sacrificio de la tarde»*. Para que un ángel aparezca a las tres de la tarde, el clamor debe haber sido poderoso. Y continúa relatando: *«Y me hizo entender, y habló conmigo, diciendo: Daniel, ahora he salido para darte sabiduría y entendimiento»* (*Daniel 9:22*).

Cuando Daniel buscó a Dios, se manifestaron lo angelical, lo celestial, la eternidad absorbió el tiempo y se apareció Gabriel. El que busca a Dios, en cualquier momento se topará con un ángel, tendrá experiencias celestiales, y Dios hará que lo encuentre.

Este beneficio recibió Daniel: Ser visitado por el ángel Gabriel, el mismo que se le apareció a María y a Zacarías. Este ángel es especial porque es el mensajero, el que habita en la presencia del Dios vivo. Y para habitar en Su presencia, hay que soportarla y para ello hay que estar en una dimensión muy fuerte, que impida ser desintegrado por la gloria tangible. Gabriel, que siempre está delante de Dios, le dijo que el Señor le iba a dar sabiduría y entendimiento.

Si buscas a Dios, serás sabio, entendido, porque discernirás dónde invertir tu tiempo y dónde no, qué hacer y qué no hacer. Si buscas a Dios tienes que prepararte, porque la ignorancia y la insensatez se extinguirá, pues Él te dará entendimiento.

Mientras escribo estas palabras, Dios puso en mí la carga de orar por México. Lo siento en mi corazón, percibo que viene un soplo para esa nación, desde la frontera con Guatemala hasta los Estados Unidos. Se levantarán muchos pastores en el poder del Espíritu Santo en esa nación. Milagros y maravillas ocurrirán. El Espíritu Santo me ha intervenido para que escriba esta palabra. Muchos líderes volverán su rostro a Dios, porque en la pandemia por el Covid-19, les ha hecho entender que la fama y la fortuna no son nada frente a Su presencia. Hay hombres de Dios en México que volverán su rostro al Altísimo, y el Altísimo volverá Su rostro a ellos. Llegará un tiempo de liberación, de unción, de avivamiento. ¡México, el *Ruah* de Dios, el *espíritu de Dios,* te va a alcanzar! Dios hará maravillas extraordinarias en el nombre poderoso de Jesús de Nazaret, para que un espíritu de ayuno se levante en esta región.

Ver el poder de Dios

Cuando Gabriel visitó a Daniel, le entregó dos cosas de parte de Dios: sabiduría y entendimiento. Pero el que lo busca también mirará Su poder.

El Salmo 63:1, dice: «*Dios, Dios mío eres tú; De madrugada te buscaré; Mi alma tiene sed de ti, mi carne te anhela, En tierra seca y árida donde no hay aguas*».

Si tú dices: «Yo quiero ser como David, quiero matar gigantes, tener una historia como la de él», debes vivir como él. David buscaba a Dios de madrugada y a toda hora, siéndole siempre fiel.

> **¿Quieres al Dios de David?**
> **¡Pues Dios quiere ver en ti a un David!**

Cuando David clamaba a Dios sabía que tenía que levantarse antes de que el sol salga, porque tenía sed y hambre de Él. Además, también sabía que, en tierra seca y árida, donde no hay aguas, vida ni esperanza, era el momento de buscarlo: *«para ver tu poder y tu gloria, así como te he mirado en el santuario»* (*Salmo 63:2*). La tierra seca y árida es la que vivimos en medio de la pandemia, de los ataques, de la persecución. Esos son los momentos en los que debemos buscar a Dios y a Su poder. ¡¿Estás listo para ver el poder de Dios derramándose en tu vida?!

«Porque mejor es tu misericordia que la vida; Mis labios te alabarán. Así te bendeciré en mi vida; En tu nombre alzaré mis manos» (*Salmo 63:3-4*).

El que busca a Dios mirará Su poder, el poder en acción. A través de David, Dios dice: «Al que busca Mi rostro, Yo le muestro Mi poder, y Mi misericordia será extendida sobre él». El que busca a Dios será librado de todo lo malo. Así que, si Dios permite en tu vida algo que te parece mal, es porque lo está usando para quitarte cosas que te sobran y añadirte otras que te faltan, para afirmarte, para dimensionarte. Pero el Señor nunca permite algo en tu vida que no sea para tu propio beneficio. Al que busca a Dios, Él lo librará. Yo puedo dar testimonio de ello, porque he caminado entre leones con las fauces abiertas, listos para morderme y destruirme, y también he visto a Dios dejarlos sin dientes. Daniel buscó a Dios, y Él cerró la boca de los leones.

Poder que protege

«Busqué a Jehová, y él me oyó, Y me libró de todos mis temores» (*Salmo 34:4*).

El que busca a Dios, Él lo escuchará, dice David. Para él, la guerra y la persecución seguían, pero sus temores se fueron. Hay personas llenas de miedo, de temores, porque no buscan a Dios. Hay quienes dicen: «Ay, estoy gordo y me va a dar un infarto, entonces mi esposa se va a quedar sola... ¿Con quién se irá a casar?». Otros dicen: «Mi mamá, mi tía y mi abuela murieron de cáncer, entonces, yo también». Pero si buscan a Dios, se sentirán seguros. Él los librará de esos miedos, porque bajo la sombra y las alas de Dios hay cobertura.

Luego David continúa diciendo: «*Los que miraron a Él fueron alumbrados, Y sus rostros no fueron avergonzados*» (*Salmo 34:5*).

Algunos ponen su mirada en su abogado, en su caballo y su jinete, pero nosotros en Jehová esperamos. Aquellos confían en su espada. Aquellos, en el gobierno, en los programas de asistencia o en el empleo. Pero nosotros ponemos nuestra mirada en Dios, y no seremos avergonzados si permanecemos mirándolo a Él. ¿Cuántas veces Satanás ha querido avergonzarme a mí y a mi casa? Pero Dios me dice: «No serás avergonzado». Los que buscan a Dios no serán avergonzados.

«*Este pobre clamó, y le oyó Jehová, Y lo libró de todas sus angustias*» (*Salmo 34:6*). Algunos creen que Dios solo escucha a los pastores o a los líderes, sin embargo, la Palabra dice: «Este pobre clamó». Es decir, que Jehová oye a todo el que clama, al que lo busca. A ellos los liberará de sus temores y de todas sus angustias. Si no puedes dormir, en vez de tomar pastillas, lee cuarenta capítulos de la Biblia y ora. Porque Dios promete que serás librado de toda angustia. El insomnio se va a ir. Tienes que confiar en lo que Dios declara en Su Palabra.

«*El ángel de Jehová acampa alrededor de los que le temen, Y los defiende*» (*Salmo 34:7*). El que busca a Jehová tiene un guardaespaldas, pero lo especial de este guardián es que nos rodea y se llama «el ángel de Jehová». Cuando vas caminando, él va contigo. Aunque no lo veas, él está ahí, librándote de muchas batallas. El ángel de Jehová acampa alrededor de los que le temen, y los defiende.

Capítulo III

EL SECRETO
DE LA ORACIÓN

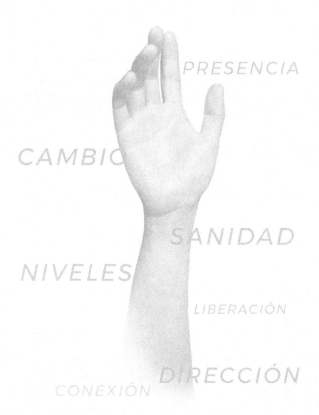

La Presencia de Dios en el hogar

———————●———————

«Había en Cesarea un hombre llamado Cornelio, centurión de la compañía llamada la italiana, piadoso y temeroso de Dios con toda su casa, y que hacía muchas limosnas al pueblo, y oraba a Dios siempre. Este vio claramente en una visión, como a la hora novena del día, que un ángel de Dios entraba donde él estaba, y le decía: Cornelio. Él, mirándole fijamente, y atemorizado, dijo: ¿Qué es, Señor? Y le dijo: Tus oraciones y tus limosnas han subido para memoria delante de Dios. Envía, pues, ahora hombres a Jope, y haz venir a Simón, el que tiene por sobrenombre Pedro. Este posa en casa de cierto Simón curtidor, que tiene su casa junto al mar; él te dirá lo que es necesario que hagas» (Hechos 10:1-6).

———————●———————

Cornelio era un hombre devoto y piadoso, oraba y le daba al pobre. Era temeroso de Dios junto con toda su casa. Fue él quien recibió por primera vez un avivamiento entre los gentiles, es decir, entre el pueblo que no era judío, al cual pertenecemos nosotros. Antes de ello, el Espíritu Santo había caído sobre los judíos el día de Pentecostés:

«Y de repente vino del cielo un estruendo como de un viento recio que soplaba, el cual llenó toda la casa donde estaban sentados; y se les aparecieron lenguas repartidas, como de fuego, asentándose sobre cada uno de ellos. Y fueron todos llenos del Es-

píritu Santo, y comenzaron a hablar en otras len-
guas, según el Espíritu les daba que hablasen»
(Hechos 2:2-4).

Pero nada semejante a este descenso del Espíritu
Santo había sucedido entre los gentiles, hasta que
Pedro llegó a la casa de Cornelio, donde lo encontró junto a todos sus familiares y amigos. Entonces
entendió que Dios no hacía acepción de personas
y que Él estaba deseando derramar Su presencia
sobre esa casa y sobre aquellos que estaban pre-
sentes. Y mientras Pedro hablaba, dice la Biblia,
que el Espíritu Santo fue derramado sobre los que
lo escuchaban, todos fueron colmados por el Espíritu Santo y empezaron a hablar en lenguas. A partir de allí, la vida de Cornelio y la de su familia
cambió de una forma sorprendente y extraordina-
ria.

Pero ¿cómo llevó Cornelio el avivamiento a su
casa? ¿Qué hizo para que su casa, que no era judía,
que no había experimentado los milagros de Dios
ni había estado en el aposento alto el día de Pentecostés, recibiera la frescura, el derramamiento,
la promesa del Espíritu Santo? ¿Qué hizo Cornelio
para conseguir lo que cada uno de nosotros anhela: una familia, una casa, un hogar lleno de la
presencia de Dios, de los recursos del Dios divino?

Un hogar feliz es donde el Espíritu Santo mora per-
manentemente. Podemos tener una casa repleta
de muebles nuevos, de dinero y de grandes lujos.
Podemos tener columnas doradas o un jacuzzi de

oro; pero sin la Presencia, sin la unción de Dios, esa casa estará vacía de la paz, del gozo, de la felicidad y de la provisión del Señor.

¿Cuál es el anhelo más grande de tu vida? Además de ver a tus hijos triunfar, que vayan a la universidad, alcanzar sus sueños y ser profesionales, el anhelo más fuerte de un padre y una madre es verlos llenos de Dios. Pues no te dará mucho orgullo ver a un hijo profesional, pero alcohólico. O tener un hijo médico, pero adicto a las drogas.

> *No hay una casa más completa*
> *que aquella que tiene a Dios presente.*
> *No hay una familia más feliz que aquella*
> *que puede conectarse*
> *con el Señor a diario.*

¿Te gustaría ver a tus hijos, a tu casa, no solo recibir bendiciones materiales, sino también al Espíritu Santo de Dios? Es posible. Y Cornelio es el mayor ejemplo que podemos tener de ver nuestra casa llena de Dios. Él no estaba en Jerusalén cuando se derramó el Espíritu Santo. No estaba en el aposento ni siquiera era amigo de Pedro. No conoció a Jesús personalmente, no fue parte de la promesa de los ciento veinte. Él no estuvo orando por diez días para recibir el bautismo o la llenura de Dios, pero pudo alcanzar el avivamiento en su casa por medio de una vida de oración.

Asimismo, ni tú ni yo hemos estado en el aposento alto. No conocimos a Jesús personalmente según la carne, no caminamos con Él durante tres años y medio. No experimentamos milagros como los apóstoles. Pero la historia de Cornelio nos anima y nos muestra que nuestra casa, a pesar de que no fuimos testigos en la carne de la existencia de Jesús, puede ser colmada de la unción y del Espíritu Santo, igual que descendió sobre aquella casa.

Si eso anhelas, prepárate, pues no solo serás tocado e impactado por Dios, tu familia y aun tus parientes más lejanos también serán alcanzados por la gracia de Dios. Recuerda las palabras de Pablo y Silas a su carcelero: «*Cree en el Señor Jesucristo, y serás salvo, tú y tu casa*» (*Hechos 16:31*).

Te animo a creer que tu familia no terminará en el infierno sino en el cielo, y que tu casa será llena de la gloria de Dios. Sé que estas palabras te animarán a sumergirte mucho más en la oración, para que tu casa vea la gloria del Espíritu Santo.

Aquel que al principio del Génesis se movía sobre la faz de las aguas, el que le daba la fuerza a Sansón, el que mudó el corazón de Saúl, el que elevó a Elías, estaba en la casa de Cornelio. Allí se estaba cumpliendo la profecía de Joel: «*Y después de esto derramaré mi Espíritu sobre toda carne, y profetizarán vuestros hijos y vuestras hijas; vuestros ancianos soñarán sueños, y vuestros jóvenes verán visiones*» (*2:28*).

Las claves de Cornelio

El Espíritu Santo fue derramado en la casa de Cornelio. Pero ¿qué hizo que Cornelio y su casa fueran elegidos para que el Espíritu Santo habitara allí?

1. **Hay una *primera clave*:** Cornelio atrajo la atención de Dios. No solo porque oró, ofrendó o porque tenía temor de Dios, aunque no era cristiano. Tampoco fue porque honraba a Dios, aunque era romano, pues los romanos no honraban a Dios. La clave de Cornelio está relacionada con su forma de orar.

   En estos días vivimos posponiendo el tiempo de oración. A mí me gusta ir a orar al monte, y puede quizás destino cuatro horas para estar allá. Pero si me demoré tres horas en llegar, terminé orando solo diez minutos, porque debo regresar. Posponemos la oración, y decimos: «No voy a orar ahora porque no tengo tiempo. Más tarde, cuando llegue a casa, a las ocho, voy a orar». Pero llegan las ocho de la noche y entonces nuestros hijos nos cuentan una historia o un problema, y terminamos siempre aplazando la oración. Leemos cantidad de libros sobre la oración, vamos a todos los seminarios, aprendemos lo que es orar, pero no oramos. Y lo que tenemos que hacer es poner manos a la obra, y llevar a la práctica lo que estamos recibiendo.

   Un anciano compró una camioneta nueva para ir a su finca. Muy contento dijo: «Esta camioneta la voy a disfrutar». Tres semanas después, murió. Ahí quedó la camioneta *casi* nueva, sin uso. Somos personas sujetas a tiempo y espacio: hoy estamos, mañana no. Sin embargo, no sabemos invertir nuestro tiempo. El tiempo mejor invertido es el que se usa para escuchar hablar de Dios, para leer sobre Dios, para oír a Dios. Así que disfruta este momento y deja de pensar en la comida que comerás mañana. Deja de pensar en el restaurante al que irás después, puedes llegar más tarde. ¡Gloria a Dios porque llegaste tarde a donde ibas, si la razón fue detenerte a escuchar a Dios!

Cornelio, muy diferente a nosotros, oraba sin tener quien le enseñara a hacerlo. Nadie se sentó con él y le dijo: «Mira, ora así: "Padre nuestro que estás en los cielos..."». Nadie le dio un libro sobre cómo orar. Ninguno de los discípulos cercanos a Jesús le enseñó a orar, pero Cornelio oró. No sabía cómo hacerlo, pero buscó tiempo para hacerlo. Aunque no sabía mucho, buscó la manera de hablar con Dios. Tal vez dijo cosas que a Dios no le interesaban, pero sabía que Cornelio quería hablarle, porque el Señor no solo escucha las palabras, sino también la intención del corazón. Cornelio adoraba cuando nadie lo hacía, mientras que ahora mucha gente espera a encontrar una adoración perfecta, después de pasar veinte años en un instituto aprendiendo a adorar.

Los jefes de Cornelio, sus capitanes, no oraban, pero él sí lo hacía. Su nación romana no honraba a Dios, pero él no dejaba de honrarlo. Hay gente que dice: «Voy a honrar a Dios cuando me vaya de esta ciudad, porque aquí hay muchos demonios».

De jovencito, cuando comencé a orar, lo hacía junto a un altar satánico que tenía mi mamá en nuestra casa. Estaba lleno de cuadros y cosas diabólicas. Sin embargo, yo le daba la espalda, de modo que mis pies quedaban junto a las candelas y velones, pero mis rodillas estaban ante Dios. Y aquello nunca fue un obstáculo para encontrarme con Él.

2. **Ahora bien, ¿cuál crees entonces que sería la *segunda clave* de Cornelio? No era solo la oración, la ofrenda, el temor o la honra a Dios, cuando nadie más lo hacía.** La clave la encontramos en la Biblia, en el fragmento que dice: «*y oraba a Dios siempre*». En la palabra: «*siempre*» Cornelio capturó la gloria de Dios para su casa.

Fue por eso que el ángel llegó de repente, se le reveló con claridad y le dijo a Cornelio: «*Tus oraciones y tus limosnas han subido para memoria delante de Dios*» (*Hechos 10:4b*). Las oraciones de Cornelio fueron escuchadas, pues él, sin esperar nada de Dios, estaba «constantemente» orando.

Pero ¿qué quiere decir que Cornelio oraba siempre? La palabra *siempre* en griego se escribe για πάντα (*gia pánta*), que significa «a través de todo», «por encima de todo» o «constantemente».

Cuando la Biblia usa la palabra *siempre* en el relato de Cornelio, quiere decir que este oraba por encima de lo que fuera, a través de todo, o que lo hacía constantemente. Cuando estaba desanimado, oraba. Cuando no tenía fuerzas, oraba. Con problemas en la familia, todavía oraba más. Cuando sus jefes lo presionaban, oraba. A Cornelio nada lo detenía, nada lo desanimaba, nada le robaba el deseo de orar. Él oraba por encima de todas las circunstancias que estuviera viviendo. Cornelio oraba siempre.

La clave de toda victoria está en la constancia. Continúa haciendo lo que tienes que hacer, en medio de la situación que sea. Al igual que Cornelio, pase lo que pase, debes seguir orando. Si se levantaba desanimado, oraba; si se levantaba animado, oraba. Lo criticaban, oraba. Lo alababan, oraba. Siempre estaba dando, temiendo y orando. Esa es la clave.

Te invito a que le des continuidad a lo que haces. Quizás al leer estas palabras te emociones y te organices para orar esta semana, pero tal vez la próxima, no vuelvas a orar. Sin embargo, es mejor que un día digas: «Voy a orar una hora siempre», a que digas: «Voy a orar diez horas», y lo hagas ese día, pero al siguiente, no vuelvas a orar.

Dios está buscando gente constante, que ore siempre, por encima de cualquier situación. Si te hablaron mal, sigue orando. Si te hablaron bien, sigue orando. Dios te está llamando a que ores siempre.

Jesucristo dijo que esa es la clave de la oración, no las palabras, sino la constancia en la fe:

«También les refirió Jesús una parábola sobre la necesidad de orar siempre, y no desmayar, diciendo: Había en una ciudad un juez, que ni temía a Dios, ni respetaba a hombre. Había también en aquella ciudad una viuda, la cual venía a él, diciendo: Hazme justicia de mi adversario. Y él no quiso por algún tiempo; pero después de esto dijo dentro de sí: Aunque ni temo a Dios, ni tengo respeto a hombre, sin embargo, porque esta viuda me es molesta, le haré justicia, no sea que viniendo de continuo, me agote la paciencia. Y dijo el Señor: Oíd lo que dijo el juez injusto. ¿Y acaso Dios no hará justicia a sus escogidos, que claman a él día y noche? ¿Se tardará en responderles?» (*Lucas 18:1-7*).

La viuda pidió justicia una y otra vez. Insistió tanto hasta que le hicieron justicia. Te estoy invitando a que le des continuidad a la fe, a la oración, a un estilo de vida entregada a Dios. Así como Cornelio, que al orar siempre, se le abrieron los ojos y tuvo una experiencia con un ángel. Tal vez a ti también se te abran los ojos y tengas experiencias con lo sobrenatural de Dios.

La generación de Cornelio es la que lleva la presencia de Dios a su casa. Si estás leyendo este libro es porque Dios quiere que lleves Su presencia a tu casa. Hoy puede ser diferente a todos los días. Hoy puedes tomar esta palabra, ponerla en práctica y caminar en ella, en el nombre poderoso de Jesús.

Despierta a la oración

Te desafío a que busques pasajes de la Biblia relacionados con la oración y la amarres a tu vida. Dile a Dios: «Todos los días, a las seis de la mañana, estaré aquí de rodillas, hablando contigo. Aunque me acueste tarde, aunque se me haga tarde mirando la televisión. No importa, a las seis estaré aquí». Y si no te levantas, si la voz de Dios no te levanta ni te jala por el pie, entonces te compras un reloj grande y te despiertas, pues eres tú quien necesita a Dios. Eres tú, quien quiere encontrarlo. Eres tú, quien quiere cambiar y crecer. ¿Vas a definir una hora para encontrarte con Dios?

El Espíritu Santo te confronta hoy con esta palabra porque Él quiere hacer un cambio en tu vida. Llegó la hora de trascender, de crecer, de encontrarse con el propósito por el cual subsistes y existes. Encontrarse con la razón por la cual respiras en esta tierra. Llegó la hora de que trasciendas a los niveles que Dios quiere, para que dejes la melancolía y la queja de niño, para que seas el pie que le aplasta la cabeza a la serpiente. Llegó la hora, no solo de que seas sanado, sino también de que sanes a otro.

> *¡Despierta! Llegó la hora de que conquistes,*
> *de que crezcas espiritualmente,*
> *de que escudriñes las Escrituras.*
> *¡Tu hora ha llegado!*

¿Estás cansado de lo mismo? ¿Estás aburrido de la vida que tienes? ¿Estás harto de hacer la misma cosa todos los días? Y te preguntas: «¿Cómo encuentro un cambio?». Lo encontrarás cuando comiences a doblar tus rodillas con frecuencia. Cuando empieces a orar más de lo que lo has hecho hasta ahora.

¿Crees que Dios quiere despertar tu vida espiritual? Así es. Toda melancolía tiene que desaparecer, toda pesadumbre, toda mortandad, toda muerte espiritual que sientas en tu vida, se tiene que ir. ¡Dios te llena de Su poder! ¡Dios despierta tu Espíritu! Tú tienes un potencial, una razón de existir. ¡Alaba a Dios!

A veces estás cargado de tantas cosas, que no puedes ni respirar. El otro día, mi esposa estaba acostada y jugando, me tiré encima de ella y le pregunté: «¿Cómo estás?». Con mucho cariño, ella me contestó: «Muy bien, mi amor». Pero a los dos minutos, me dijo con dificultad: «¡Me falta el aire, estás pesado!». Y yo repliqué: «¡Qué manera más bonita de decirle a uno que baje de peso!». Tuve que salir de allí porque Diana casi no podía respirar. Hay muchos, tal vez seas tú, que está cargando con tantas cosas que no puedes recibir el oxígeno del Espíritu Santo. Dios quiere quitarte esa carga de tu vida espiritual.

Recuerda que la palabra *siempre*, en griego, significa «por encima de todo», «atravesándolo todo». Entonces, aunque no sientas nada, sigue orando. Y si sientes, sigue orando. Si vas a esperar a «sentir» para orar, quizás no ores nunca. Tienes que orar sintiendo o sin sentir. La oración es el aliento de Dios para tu vida, por medio del Espíritu Santo. ¡Tienes que despertarte a la oración!

Si Cornelio, que provenía de una casa gentil romana, fue lleno del Espíritu de Dios, Dios ha permitido que leas este texto para que tu casa, tu familia entera, sea llena del Espíritu Santo. ¿Cuál crees que será la próxima casa que recibirá lo mismo que la de Cornelio? ¡Será la tuya! Así que despídete de las quejas, de los gritos, de los chismes, de la gritería de tu casa, y ponte a alabar, pues tú y tu casa servirán al Señor.

Cornelio oraba siempre, por encima de lo que estuviera atravesando. Con problemas y con victorias. Cuando dormía bien y cuando dormía mal. Si se acostaba tarde o si se acostaba temprano. La constancia es seguimiento, es continuidad, es no buscar excusas para no hacerlo.

En ese encuentro con Dios que tendrás en un horario fijo, tenlo cada mañana por veintiún días. Según dicen, después de esa cantidad de tiempo, el cuerpo se adaptará y construirá un hábito.

¿Alguna vez has viajado al campo? ¿Has vivido por un tiempo entre campesinos? ¿Te has dado cuenta de que a las cuatro o cinco de la mañana están colando café o haciendo té? Incluso si, por alguna razón, se acuestan a las tres de la mañana, a las cinco ya están levantados, porque el cuerpo se adaptó a ese horario y se despertarán. Eso es lo que tú necesitas para crecer en la oración, una disciplina que permita que tu cuerpo se adapte a levantarse a una determinada hora para orar. Luego de una semana encontrándote con Dios todos los días, a la misma hora, no vendrás a buscar en mí un testimonio, sino que tú me traerás uno.

Si aceptas mi desafío y fijas un horario para encontrarte con Dios, y lo haces con constancia, entrarás a un mundo sobrenatural y a la bendición de Dios. Hacerlo siempre significa que no importará lo que sientas, lo que te digan, cuánto te desanime el diablo; aun así, lo harás. Orarás como Cornelio. Y gracias a esa constancia, atraerás la presencia de Dios a tu casa.

El poder de la continuidad

La continuidad es tan poderosa que Dios tuvo que intervenir en la torre de Babel. Aquellos hombres estaban haciendo planes sin Dios. Ellos estaban edificando una torre sin consultarlo a Él, pero tenían una persistencia tal que, Dios tuvo que interponerse.

Cuando hay constancia en las cosas, y se hacen continuamente, el primer día no pasa nada, el segundo día no pasa nada, pero, en algún momento, las cosas cambian. Así lo enseñó Cristo con la parábola del amigo inoportuno:

«... ¿Quién de vosotros que tenga un amigo, va a él a medianoche y le dice: Amigo, préstame tres panes, porque un amigo mío ha venido a mí de viaje, y no tengo qué ponerle delante; y aquél, respondiendo desde adentro, le dice: No me molestes; la puerta ya está cerrada, y mis niños están conmigo en cama; ¿no puedo levantarme, y dártelos? Os digo, que aunque no se levante a dárselos por ser su amigo, sin embargo por su importunidad se levantará y le dará todo lo que necesite. Y yo os digo: Pedid, y se os dará; buscad, y hallaréis; llamad, y se os abrirá. Porque todo aquel que pide, recibe; y el que busca, halla; y al que llama, se le abrirá» (*Lucas 11:5-10*).

Lo que Jesús estaba señalando con esta parábola era, precisamente, la necesidad de la constancia en la oración. La oración que conquista o influencia a Dios es la oración constante.

Además, si tomas tiempo a solas, no solo vas a escuchar a Dios, te vas a escuchar a ti también las tonterías que piensas cuando estás solo. Dios te irá corrigiendo. Ponte un horario, define una determinada hora de la mañana para estar con Él, pero no llegues bostezando y sin ánimos delante de Dios. No te quedes dormido en tu tiempo de oración. Ten fe en que, al estar allí, estás delante de Dios y hablas con Él. Dios te estará esperando.

Luego de veintiún días de encontrarte con Él a la misma hora, te fortalecerás, crecerás espiritualmente y tu vida cobrará una nueva dimensión. Entonces, podrás decir «no» a las cosas que, hasta ahora, has estado diciendo «sí».

¿Sabes lo que es un hombre lleno del Espíritu Santo? Es un hombre lleno de oración. Esteban, cuando estaba a punto de ser apedreado, vio los cielos abiertos:

«Pero Esteban, lleno del Espíritu Santo, puestos los ojos en el cielo, vio la gloria de Dios, y a Jesús que estaba a la diestra de Dios, y dijo: He aquí, veo los cielos abiertos, y al Hijo del Hombre que está a la diestra de Dios» (Hechos 7:55-56).

¡Que nada te impida ver los cielos abiertos! ¡Que ninguna piedra que venga contra ti te haga cerrar los ojos! ¡Mantén los ojos abiertos, aunque los demás no te quieran ver! ¡Sigue viendo los cielos abiertos, aunque caigan piedras sobre tu cabeza!

¿Sabes cuál fue la respuesta de Esteban hacia quienes lo apedreaban para matarlo, hacia quienes lo odiaban y lo mataron? Su respuesta fue una oración.

«Y apedreaban a Esteban, mientras él invocaba y decía: Señor Jesús, recibe mi espíritu. Y puesto de rodillas, clamó a gran voz: Señor, no les tomes en cuenta este pecado. Y habiendo dicho esto, durmió» (*Hechos 7:59-60*).

Hoy, nadie hace eso. Si tú me das una pedrada, yo te doy otra. Aplaudimos al que nos aplaude y rechazamos al que nos rechaza. Buscamos todas las formas de ridiculizar lo que el otro está haciendo porque no nos cae bien o porque nos hizo algo. Parece que el tiempo de la ley ha vuelto: El ojo por ojo, diente por diente. Pero ese no es el Evangelio. Esteban oró por los que lo apedreaban, aunque lo estaban matando, porque él siempre fue un hombre de Dios.

Si al igual que Cornelio, tú anhelas ser una persona de oración constante. Tal vez debas empezar a hacer planes, porque hay peticiones que por años has hecho a Dios, que serán escuchadas. Prepárate, porque Dios escucha tus oraciones. Si te comprometes a orar constantemente, te garantizo que toda oración que sale de un corazón humilde, será escuchada.

Capítulo IV

EL PODER DE SU VOZ: ¡LÁZARO, SAL FUERA!

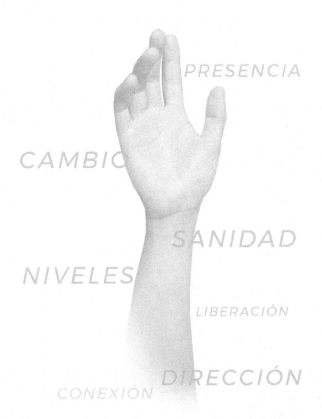

Ten fe y verás gloria

¿Has oído sobre el milagro que hizo Jesús con Lázaro? La palabra de Dios nos enseña que Lázaro enfermó de un mal incurable y que sus hermanas, María y Marta, se lo hicieron saber a Jesús:

«Enviaron, pues, las hermanas, para decir a Jesús: Señor, he aquí el que amas está enfermo. Oyéndolo Jesús, dijo: Esta enfermedad no es para muerte, sino para la gloria de Dios, para que el Hijo de Dios sea glorificado por ella. Y amaba Jesús a Marta, a su hermana y a Lázaro. Cuando oyó, pues, que estaba enfermo, se quedó dos días más en el lugar donde estaba» (Juan 11:3-6).

Al leer esto podemos pensar que Jesús no estaba interesado en sanar a Lázaro, y es la verdad. Jesús tenía un propósito mayor que la sanidad de Lázaro. Sin embargo, María y Marta creían que a Jesús no le importaba la salud o el bienestar de su amigo. Ellas acudieron al Señor creyendo que podía sanar a su hermano y no lograban explicarse cómo Jesús, que había comido en su casa, que era su amigo, al haber escuchado el pedido de socorro, no se apresurara a ir a sanarlo, sino que decidiera quedarse unos días más donde estaba.

Muchas veces experimentamos esta misma sensación cuando le pedimos algo a Dios y pareciera que permaneciera durante meses o años en silencio. La Biblia dice que Jesús tardó unos días en llegar, pero a algunos de nosotros nos ha tocado estar años diciéndole: «Mi amigo, Señor Jesús, mi Padre, ¿podrías hacer un milagro en mi favor?». Y percibimos que Él, en apariencia, hace silencio, que no está interesado en atender nuestro clamor. Pero no es así, Él tiene un propósito y un plan para cada momento y cada ocasión.

Jesús se quedó unos días más donde estaba y luego decidió ir a Betania, donde vivía Lázaro, y se lo comunicó a sus discípulos de esta manera:

«Nuestro amigo Lázaro duerme; mas voy para despertarle. Dijeron entonces sus discípulos: Señor, si duerme, sanará. Pero Jesús decía esto de la muerte de Lázaro; y ellos pensaron que hablaba del reposar del sueño. Entonces Jesús les dijo claramente: Lázaro ha muerto; y me alegro por vosotros, de no haber estado allí, para que creáis; mas vamos a él» (Juan 11:11-15).

Cuando Jesús llegó a Betania, Marta salió a su encuentro, y le dijo a Jesús: *«Señor, si hubieses estado aquí, mi hermano no habría muerto»* (Juan 11:21b), y María, llorando, le dijo lo mismo. Pero Jesús le contestó a Marta: *«Yo soy la resurrección y la vida; el que cree en mí, aunque esté muerto, vivirá»* (Juan 11:25). Jesús dio a entender que Él trasciende el tiempo y la edad; que para Él nada es imposible. Él no es como Mahoma o como los líderes políticos y religiosos, que tienen límites de tiempo y espacio. Nuestro Dios va más allá del tiempo.

> *Nuestro Dios es más poderoso que la muerte. Nuestro Dios es capaz de hacer milagros extraordinarios y maravillas sorprendentes.*

Entonces María se postró a los pies de Jesús y lloró, y Él, conmovido en espíritu, dijo: *«¿Dónde le han puesto?».* Cuando lo llevaron delante de la tumba de Lázaro, que estaba tapada con una piedra, *«Dijo Jesús: Quitad la piedra. Marta, la hermana del que había muerto, le dijo: Señor, hiede ya, porque es de cuatro días»* (*Juan 11:39*). Con estas palabras Marta estaba insinuando que ya no había posibilidad de vida, que los órganos del cuerpo de Lázaro, estarían en estado de descomposición, porque Jesús había llegado tarde. Pero debemos saber que Jesús nunca llega tarde. Él siempre llega a tiempo, en el momento correcto.

Frente a la respuesta de Marta, *«Jesús le dijo: ¿No te he dicho que si crees, verás la gloria de Dios?»* (*Juan 11:40*). Es decir, cada vez que Jesús iba a la casa de Marta, María y Lázaro, les enseñaba sobre la fe, por lo tanto, esta pregunta, en otras palabras, indicaba: «Marta, ¿tantos días dándote clases de discipulado y todavía no has crecido en la fe?». Es que la fe va más allá de lo que nuestros ojos pueden ver. Para la fe, todo es posible. Ni la muerte puede con la fe, pues donde hay fe, la mano de Dios estará extendida. Donde hay fe, los médicos se quedarán asombrados. Por eso, sin importar qué diagnóstico te haya dado un doctor, si crees, verás la gloria de Dios. Profetizo que verás la gloria de Dios en tu vida, en tu ministerio, en tu casa. Por lo tanto, abre bien los ojos, porque pronto verás un milagro.

Desde finales de 2019 el virus Covid-19 que causó la pandemia, se ha llevado a muchas vidas y ha causado numerosos fracasos, quizás este ha sido uno de tus casos, has perdido algún familiar cercano o ha quebrado tu emprendimiento o negocio, pero Dios te dice: «Prepárate para ver Su gloria». Has visto muerte y has luchado mucho, pero si crees, verás la gloria. Prepárate, porque si Dios te ha puesto a leer estas palabras en este libro es para que te encuentres con Su gloria. Si a causa de lo que has vivido hay algo de incredulidad en ti, en el nombre de Jesús, se irá. Eres una persona de fe, que cree, que no quiere perder su tiempo, sino que busca un encuentro con el Espíritu Santo, que cambiará tu vida para siempre. ¡Verás la gloria de Dios!

Recuerda las palabras de Jesús que, a través de este libro, hoy las repite para ti: «¿No te he dicho que, si crees, verás la gloria de Dios?» Solo ponle fe. Por encima de tus sentidos, pon fe. Por encima de tus emociones, por encima del diagnóstico, pon fe. Porque, por la fe, Dios hizo los cielos y la tierra, e impartirá sobre tu vida. Tienes que creer. Cuando buscas a Dios con fe, Él se aparecerá en tu vida, te producirá un cambio para siempre.

———————————————— ● ————————————————

«Pero sin fe es imposible agradar a Dios; porque es necesario que el que se acerca a Dios crea que le hay, y que es galardonador de los que le buscan» (*Hebreos 11:6*).

———————————————— ● ————————————————

En una oportunidad, mi madre enfermó y su doctor dijo: «Le quedan seis meses de vida, ya no hay nada por hacer». Al escuchar esas palabras mi corazón se turbó y me olvidé que servía al Dios de gloria, y comencé a llorar. En medio de esa perturbación, empecé a pensar en su muerte: «Mi mamá se va a morir». Imaginé hasta su ataúd y las flores que le iba a comprar. Pero, me volví en mí y me dije: «¿Qué pasó? ¿Y dónde está el Dios de los cielos?». Entonces me encerré a orar a Dios y le pregunté: «Padre, el doctor dice que a mi madre le quedan seis meses de vida. ¿Tú qué dices?». Y Él me contestó: «Por amor a ti, Yo voy a hacer un milagro». Esa misma noche, mi mamá, que no era cristiana en ese tiempo, me dijo: «Vino un hombre vestido de blanco, de noche, metió Su mano en mi vientre, me sacó una bola de adentro y dijo: "Te sano, porque Yo soy Jesús, Yo soy Dios"». Si al igual que yo, realmente crees en ese Dios, encontrarás lo que estás buscando.

Esto sucedió hace casi dieciséis años, y mi mamá todavía está viva y llena del Espíritu Santo de Dios, buscando al Señor. Porque, ¡para el que cree, todo es posible! El diablo quiere robarte lo único que puedes producir: fe. Así que tienes que creer que tu vida va a cambiar, que tu sistema va a cambiar, que el coronavirus no te afectará. ¡Tienes que creerlo!

———————————— ● ————————————

La Biblia está llena de ejemplos del poder de la fe, como el de *«una mujer que padecía de flujo de sangre desde hacía doce años, y que había gastado en médicos todo cuanto tenía, sin haber sido curada nunca, se le acercó por detrás y tocó el borde de su manto; y al instante se detuvo el flujo de su sangre* (*Lucas 8:43-44*). Esta mujer se dijo: «Si lo toco, seré sana». ¿Y qué pasó? Fue sana.

———————————— ● ————————————

También está la historia de la cananea: «*Y he aquí una mujer cananea que había salido de aquella región clamaba, diciéndole: ¡Señor, Hijo de David, ¡ten misericordia de mí! Mi hija es gravemente atormentada por un demonio»* (*Mateo 15:22*). Y cuando Jesús dijo: «*Oh mujer, grande es tu fe. Hágase contigo como quieres»* (v.28). La mujer fue sanada.

Cuando el centurión le pidió a Jesús que sanara a su criado, y Jesús se ofreció en ir a la casa: «*Respondió el centurión y dijo: Señor, no soy digno de que entres bajo mi techo; solamente di la palabra, y mi criado sanará»* (*Mateo 8:8*). Entonces Jesús dijo: «*Ve, y como creíste, te sea hecho»* (v.13). En el mismo momento que la palabra fue declarada, el criado fue sanado. Donde hay fe, se manifiesta el poder tangible de Dios.

Permíteme contarte también esta historia que viví: Había una señora que se estaba muriendo en un hospital, y aguardaban mi visita. La gente me preguntaba cuándo iría a verla, y yo les decía que esperaran, porque el hombre de Dios no debe determinar cuando cae la unción, solo debe esperar la dirección del Espíritu Santo. Finalmente, el Señor me dijo: «Ve ahora».

Cuando entré en el hospital, el Espíritu Santo me instruyó: «Hablarás en lenguas». Obedientemente comencé a hablar en lenguas. Veía a mi espíritu hablando en lenguas, le hablaba al espíritu de la mujer que estaba enferma, y le decía: «No puedes salir del cuerpo, porque tu tiempo no ha llegado». A través del hablar en lenguas, Dios le hablaba a su espíritu, hasta que su cuerpo comenzó a temblar y se levantó. Hoy, ella está de pie. ¡No me digas que Dios no podrá hacerlo contigo, porque si lo hizo con ella, lo hará con todo el que cree! ¡Todo es posible!

Jesús le dijo a Marta: «Si crees, verás la gloria de Dios». Él te diseñó para que veas Su gloria. Mientras lees estas páginas, estás a punto de abrazar la gloria de Dios, porque tu vida será dimensionada al ser tocada por Él.

Profetizo sobre tu vida que una vez que leas estas páginas no volverás a ser la misma persona. Hay un abismo que está llamando a otro abismo, el Espíritu Santo te llamó, para que hoy haya un antes y un después. El antes de tu vida termina, hay una nueva temporada tocándote, hay un nuevo inicio tocándote.

Un milagro se produjo cuando Jesús dijo: «¡Lázaro, ven fuera!». La Biblia dice que el que estaba muerto, resucitó. Jesucristo es tan poderoso que tuvo que especificar el nombre del muerto, porque si hubiera dicho: «¡Ven fuera, muerto!», hasta el viejo Abraham se hubiera levantado y salido andando. Muchos todavía no saben quién es Jesús: El alfa y la omega, el principio y el fin, el que mandó y existió.

Sal y camina en el tiempo de Dios

Después de cuatro días de haber fallecido, el hombre muerto, resucitó. El cuerpo estaba descompuesto, hedía. Más aún con el gran calor que hay en Israel. Sin embargo, frente a la muerte, frente a lo que ya está podrido, por encima del mal olor, por encima de las imposibilidades y la razón humana, Jesucristo dijo: «¡*Lázaro, ven fuera!*». Y en esas palabras el espíritu de Lázaro regresó a su cuerpo.

Esas palabras que salieron de la boca de Jesús, lo primero que hicieron fue traer el espíritu y el alma de Lázaro a su cuerpo otra vez. Los órganos dañados y en estado de putrefacción a causa de la muerte, fueron restaurados nuevamente.

Al declarar: «*Ven fuera*», Lázaro salió de la tumba, porque ante la voz de Dios no hay muerte, no hay fracaso, no hay imposibilidades, no hay nada difícil que quede sin resolver. ¡Cuando Dios habla, las cosas ocurren y se manifiestan!

Lázaro tenía grandes problemas: estaba muerto, estaba en una cueva y tenía una piedra bloqueando la entrada. Pero frente a Dios, nada es imposible. Cuando Jesús le dijo: «Sal de la cueva». Lázaro salió andando. Muchos han estado en cuevas por largo tiempo, porque en su interior hay áreas que han muerto espiritualmente. Si este también es tu caso, hoy puedes salir de la cueva por la palabra de Dios declarada sobre ti. La presencia de Dios te sacará de toda cueva donde las circunstancias te pusieron, donde la enfermedad te llevó, donde el doctor te puso después del diagnóstico. Pero el Dios que yo predico, está hoy cerca de ti, a tu lado, donde quiera que te encuentres y desea sacarte de esa situación, de esa cueva.

¡Saldrás de allí! ¡Saldrás de allí! Ese lugar oscuro donde te encuentras, ya no será tu lugar. Se ve todo difícil, pero vas a salir. Te pusieron una piedra en la salida para que no te puedas mover, pero será removida. Cuando Dios llega, mueve la piedra o manda que la muevan, pero saldrás de ese problema en el que te encuentras. Ahora reconoces la voz de Dios en tu espíritu. Y a causa de ello saldrás de tu muerte en vida, de tu cueva caminando en una nueva dimensión.

La vida de Lázaro jamás volvió a ser la misma. Antes de morir, tenía una vida normal, pero después de ser resucitado, fue un testimonio andante. La gente podía ver la evidencia del poder de Dios en su vida. Permíteme profetizarte que después de este día, la gente notará que algo nuevo pasó contigo, que tuviste un encuentro con el Espíritu Santo.

Abrazarás lo que Dios dijo que es tuyo, saldrás de tu mentalidad caótica, de tu incredulidad, de tu insensibilidad a la presencia de Dios. Saldrás de la carnalidad y te convertirás en un hombre o una mujer espiritual. Saldrás de la lujuria, de la vanidad, de la mortandad espiritual y emocional. El Maestro está delante de ti y, cuando se mueve el poder de Dios, las cosas cambian.

Saldrás de esa cueva, pero no será gracias a tu fuerza sino por el poder de Dios. Lo que lograrás no será por fuerza ni inteligencia humana, sino por el poder de Dios. La nueva temporada espiritual que comenzarás a vivir, la nueva dimensión que viene para tu vida, no llega por fuerza humana sino por el toque del poder de Dios. Hoy, la voz de Dios entrará hasta los tuétanos de tus huesos, y recreará lo que está dañado y te dará vida. Te redimirá otra vez.

Resurrección de Lázaro

Cuando Lázaro resucitó sucedieron tres cosas sobre las que quiero llamar tu atención.

1. Lázaro resucitó y hubo un impacto en la aldea.

Betania se conmovió. Sus habitantes se estremecieron porque ellos, que lo habían sepultado, fueron los mismos que tuvieron que desatarlo, porque a los muertos, se los ataba con telas y se los rociaba con aceites y ungüentos especiales. Por lo tanto, ellos habían estado trabajando con el cuerpo de Lázaro por varias horas. Y si alguien que prepara a un muerto, lo introduce en su sepulcro, y luego, al verlo vivo y caminando, aun duda... hay que darle una bofetada para que despierte.

Dios te permitirá ver cómo aquellas cosas que tú mismo enterraste de tu vida, serán desenterradas. Para que no queden dudas de que Él es tu Dios y está contigo. Hay muchas personas que han trabajado para enterrar lo que Dios te ha dado y, en cierta forma, Dios se los ha permitido. Entonces, tú preguntas: «Señor ¿por qué siguen vivos?». Y Él te responde: «Porque yo quiero que la mano que te enterró sea la misma que te desentierre».

Jesús sabía operar en la voluntad y en el tiempo de Dios, al mismo tiempo. Aquí es donde mucha gente se pierde. A Jesús le dijeron: «Lázaro está enfermo, ven rápido». Y Él se quedó dos días más donde estaba. Cuando Lázaro murió, Él todavía estaba en la otra aldea, y llegó cuando ya Lázaro llevaba muerto cuatro días. La pregunta es: ¿por qué no llegó el primer día, cuando Lázaro recién había muerto? Jesús sabía que la voluntad de Dios era resucitar a Lázaro. Pero también sabía que no podía hacerlo antes de tiempo. A pesar de que Jesús tenía orden de resucitar a Lázaro, esperó el tiempo de Dios, el momento correcto.

Cuando conoces la voluntad de Dios, debes orar para saber cuál es el tiempo divino. Muchas veces nos alineamos con la voluntad de Dios, pero no con Su tiempo. Cuando tratamos de hacer lo que sabemos, que es la voluntad de Dios, pero fuera de tiempo, lo echamos todo a perder. Una cosa es la voluntad de Dios y otra es el tiempo para cumplirla. Hay personas que se adelantan. Quizás la voluntad de Dios es que camine, pero no es el tiempo de hacerlo. Por eso debemos tener una relación íntima con nuestro mejor amigo, el Espíritu Santo, porque Él conoce el tiempo para cada cosa.

Este es un principio según el cual, todo el que logra capturar o acceder a la voluntad y al tiempo de Dios, jamás caminará improvisando, y dondequiera que se mueva, tendrá resultados favorables.

Lo único que puede guiarte a conocer la voluntad y el tiempo de Dios, es una relación constante, diaria, con el Espíritu Santo. Tanto Pablo como Pedro conocían este principio. En *Hechos 16:16-18*, Silas cuenta algo que sucedió mientras él y Pablo estaban en Filipos, una ciudad de Macedonia:

«Aconteció que mientras íbamos a la oración, nos salió al encuentro una muchacha que tenía espíritu de adivinación, la cual daba gran ganancia a sus amos, adivinando. Esta, siguiendo a Pablo y a nosotros, daba voces, diciendo: Estos hombres son siervos del Dios Altísimo, quienes os anuncian el camino de salvación. Y esto lo hacía por muchos días; mas desagradando a Pablo, éste se volvió y dijo al espíritu: Te mando en el nombre de Jesucristo, que salgas de ella. Y salió en aquella misma hora».

El apóstol Pablo solo necesitaba mirar a un endemoniado para que el demonio saliera de esa persona. Sin embargo, Pablo no reprendió a la adivina el primer día, aunque él sabía que Su voluntad era echar fuera al demonio, sin embargo, esperaba el tiempo de Dios para hacerlo. En ese punto, muchos de nosotros nos extraviamos. Pues, al saber la voluntad de Dios queremos realizarla en nuestro tiempo. Pero tanto el tiempo como la voluntad de Dios deben andar de la mano.

Por eso, sé que hay un tiempo cumplido para ti que estás en la voluntad de Dios. Sé que Dios te va a sacar de cualquier cueva en la que te encuentres. Sé que es la voluntad de Dios que tengas una nueva vida, que, a partir de ahora, haya un antes y un después. ¡Prepárate! Pues el Espíritu Santo te dará discernimiento para distinguir la voluntad y el tiempo de Dios. A veces queremos recibir las cosas a nuestro tiempo, pero todo debe ser en el momento correcto del Señor. Espera la voluntad y el tiempo de Dios, y sucederá.

2. Lázaro estaba inmóvil, muerto.

Lázaro estaba muerto, pero cuando Jesús le habló, y lo llamó, entró en movimiento. Toda quietud se fue de él y se levantó de su muerte. Cuando la voz de Dios llega a nuestra vida, nos hace entrar en movimiento. Tal vez te encuentras en este momento, paralizado espiritualmente, te has conformado con aceptar una parte del Evangelio. Quizás crees que, con solo ir el domingo a la iglesia, sin mantener una relación diaria con el Espíritu Santo, es suficiente. Y si eso es así, esa es la razón por la cual vives en un ascensor espiritual, donde subes y bajas, bajas y subes. Pues la continuidad es el secreto del desarrollo y del crecimiento de la dimensión espiritual.

Pero Dios quiere darle movimiento a tu fe, a tu vida espiritual. Dios quiere que desaparezca tu estado de parálisis espiritual. Es momento de que te muevas, dice el Espíritu de Dios. Es tiempo de que entres en movimiento espiritual. Te vas a mover en el Espíritu Santo y harás que el diablo tiemble, porque si hay algo que al diablo lo hace temblar es ver a la gente de fe, moviéndose.

Dios quiere que entres en movimiento, así como el paralítico de Betesda, luego de treinta y ocho años enfermo, sin recibir un milagro, pero cada día de esos años se arrastró hasta el estanque, no se quedó en casa, aunque nunca alcanzó a bajar al agua primero.

«Porque un ángel descendía de tiempo en tiempo al estanque, y agitaba el agua; y el que primero descendía al estanque después del movimiento del agua, quedaba sano de cualquier enfermedad que tuviese» (Juan 5:4).

Quizás llevas algunos años orando por un milagro, sin recibirlo aún. Entonces piensas que Dios no te oye, que no quiere saber nada contigo, y te cansaste de esperar. Pero este paralítico fue treinta y ocho años al mimo lugar, donde nunca lo tocaron, donde nunca recibió sanidad. Pero tenía tanta fe que debería estar sentado con Abraham, porque jamás se desanimó, jamás dejó de creer, jamás dejó de ir.

3. Lázaro no solo resucitó, sino que salió caminando.

Es sorprendente que Lázaro, después de haber estado cuatro días rígido, muerto, pudo caminar, aunque todavía estaba atado.

«Y el que había muerto salió, atadas las manos y los pies con vendas, y el rostro envuelto en un sudario. Jesús les dijo: Desatadle, y dejadle ir» (Juan 11:44).

Resucitó, y al despertar tenía atadas las manos y los pies. De algún modo se las ingenió para dar algunos pasos y salir del sepulcro. Es sorprendente que, estando atado, todavía pudiera caminar.

No sé cómo te encuentres al momento de leer esta palabra, pero te aseguro que, aunque estés atado, caminarás. Seguramente tienes debilidades, como todos, tienes hábitos que no le agradan a Dios. Es más, quizás estés atado, pero has encontrado la fuerza para llegar a este punto de la lectura, caminando emocional y espiritualmente. Y puedo asegurarte que todo el que le cree a Dios, encuentra ayuda en el camino.

Jesucristo dijo: «Desatadle, y dejadle ir». Tú me dirás: «Pastor, tengo problemas. Estoy atado, tengo esto y aquello». Sí, pero llegaste hasta aquí, y si lo hiciste significa que el diablo no te pudo detener en el camino a tu liberación, que la debilidad ni la enfermedad te pudieron paralizar, y que alguien te va a desatar de tus ligaduras, de tu depresión.

Mientras transcurres el paso de estas páginas, hay ángeles rodeándote, la presencia de Dios está moviéndose para cumplir esta palabra. Serás desatado de toda hechicería, de toda brujería, de todo desánimo que el diablo produjo en ti. Dios te va a liberar.

Poco antes de escribir estas palabras que lees, vi a una serpiente gigante en un sueño y le pregunté a Dios: «¿Qué es esto?». Él me respondió: «Voy a desatar todo espíritu de serpientes, de hechicería, de brujería». Te aseguro mi amado hermano o hermana que Dios te libera de cualquier atadura o poder antagónico que domine tu vida.

¡Serás desatado! ¡Serás liberado! Recibirás el toque especial del Espíritu Santo. Pero antes de que seas desatado, declararé que se desata un ministerio para tu vida. Lee con atención porque este es el secreto de los secretos. Cualquiera que acceda a estos secretos, no solo será liberado y bendecido, sino que será usado para liberar y bendecir a otros. No tienes que ser un pastor ni un misionero para hacer lo que hacen ellos. El secreto de toda la historia de liberación de Lázaro fue *la voz de Dios*.

El poder de la voz de Dios

Todo cambió cuando Jesús habló. Mientras Jesús lloraba, nada pasó. Pero cuando se paró frente a la tumba y Su voz salió diciendo: «Lázaro, ven fuera». Sucedió el milagro.

El secreto de la resurrección de Lázaro estuvo en la voz de Dios. Porque Jesús, el Cristo, es la gloria visible del Dios invisible, es el verbo de Dios. El mismo que dijo en Génesis «sea la luz», y así hizo aparecer el sol y la luz, estaba diciéndole a un cuerpo muerto que resucitara.

> *La voz de Dios es el secreto para que las cosas se creen, para que se manifiesten.*

Las cosas no funcionan porque declaro desde mi propia voz, sino porque repito lo que mi oído oye de parte de Dios. Cuando Dios habla y mi boca repite, las cosas ocurren.

Cuando Jesús habló, el cuerpo muerto de Lázaro resucitó, los órganos se recrearon, los sentidos volvieron a funcionar. Todo se centra en la voz de Dios. La voz de Dios tiene los elementos necesarios para hacer que las cosas subsistan. La Biblia dice que, por Su palabra fueron hechos los cielos y los ejércitos.

Lo más desafiante y poderoso que debes lograr en tu vida es lograr escuchar a Dios. Cuando logras escuchar Su voz, ya está hecho. «*Porque él dijo, y fue hecho; Él mandó, y existió*» (*Salmo 33:9*).

Algo va a suceder contigo en este momento. Oirás la voz de Dios hablando a tu vida. Quizás te mires en el espejo y digas: «Esto no es para mí». Pero el Espíritu Santo te dice: «Si no fuera para ti, no estarías leyendo esto ahora mismo. Por lo tanto, ¡es para ti!». Cuando Dios habla, las cosas se nos manifiestan.

«Por la palabra de Jehová fueron hechos los cielos, Y todo el ejército de ellos por el aliento de su boca» (*Salmo 33:6*).

Aquello que los científicos llaman el *Big Bang*, la Biblia le dice *la voz de Dios*. Cuando Dios habla, el diablo tiembla. Por eso, Satanás siempre estará persiguiendo lo que Dios te ha dicho, porque él sabe, yo sé, Dios sabe, Jesús sabe, todos en el cielo, en la tierra y debajo de la tierra saben que, lo único que funciona es lo que Dios dice. Que lo único que se manifiesta, lo único que sucede, es lo que Dios declara.

Es por eso que Satanás se levanta para que no creas en lo que Dios dice. Si te dijo que hoy vas a ser libre, lo serás. Si Dios dijo que serás lleno de Su presencia, lo serás. Satanás quiere que la voz de Dios no viva dentro de ti, porque dondequiera que Dios habla, las cosas suceden, se manifiestan.

Cuando se escucha la voz de Dios, viene con todos los ingredientes necesarios. El secreto es la voz de Dios. Recuerda que Dios no habita en el tiempo. Él es de la eternidad y hasta la eternidad. Y en algún momento de la eternidad, estuvo solo, en lo que llaman *la soledad de Dios*, donde no había trono ni ángeles. Así que antes de que todo existiera, ya estaba Dios. Él es la existencia de toda existencia. Y decidió darle principio al principio, creación a la creación. Dios pudo haber permanecido millones de eternidades solo, pero creó. No porque necesitara alabanza, pues si hubiera sido así, sería imperfecto. Él no necesita nada. Él es antes y después de todo. Por Él subsisten todas las cosas.

La mujer cananea conocía el poder de Su voz, por eso le gritó, aunque Él le dijo: «*No está bien tomar el pan de los hijos, y echarlo a los perrillos*» (*Mateo 15:26b*). Ella le siguió gritando, pues sabía que, si Él hablaba, el demonio se iría de su hija.

El centurión sabía algo que muchos pastores no saben: Cuando Dios habla, las cosas suceden. Por eso dijo: «*Señor, no soy digno de que entres bajo mi techo, solamente di la palabra, y mi criado sanará*» (*Mateo 8:8*). El centurión le pedía que dijera la palabra, que soltara Su voz, esa misma que dijo: «Sea la luz». «*Al oírlo Jesús, se maravilló, y dijo a los que le seguían: De cierto os digo, que ni aun en Israel he hallado tanta fe. Y os digo que vendrán muchos del oriente y del occidente, y se sentarán con Abraham e Isaac y Jacob en el reino de los cielos» (Mateo 8:10-11).* Por lo tanto, tú y yo nos sentaremos con Abraham.

En *Salmo 148:5*, la Escritura dice: «*Alaben el nombre de Jehová; Porque Él mandó, y fueron creados*». Cuando Dios habla, suceden cosas maravillosas. En *Isaías 40:26*, dice: «*Levantad en alto vuestros ojos, y mirad quién creó estas cosas; él saca y cuenta su ejército; a todas llama por sus nombres; ninguna faltará; tal es la grandeza de su fuerza, y el poder de su dominio*».

Según los científicos, hay miles de galaxias en el universo. Cada galaxia tiene millones de millones de estrellas. Y hay billones de estrellas en el universo. A todas ellas las creó Dios con el aliento de Su boca, con Su palabra, con Su voz creó todo. La Palabra dice que Él las toma y las cuenta, y las llama a cada una por su nombre. Cada estrella tiene un nombre y Dios lo conoce. El que creó el universo, las galaxias y también los mares y la tierra. Es por eso que la Biblia dice que: «Como nada son *todas las naciones delante de él*» (*Isaías 40:17a*). Todo el oro, el dinero y la fama son considerados nada delante de Dios. A ese Dios sirves, al Dios que todo lo puede. ¡Él hará maravillas en tu vida hoy!

No es lo mismo escuchar de Dios, que escuchar a Dios con el poder de Su voz. Él le dijo Elías: «*Beberás del arroyo; y yo he mandado a los cuervos que te den allí de comer. Y él fue e hizo conforme a la palabra de Jehová; pues se fue y vivió junto al arroyo de Querit, que está frente al Jordán. Y los cuervos le traían pan y carne por la mañana, y pan y carne por la tarde; y bebía del arroyo*» (*1 Reyes 17:4-6*).

Dios les habló a los cuervos, pues la voz de Dios habla en todos los idiomas y a todas las especies. Es un misterio cómo esas aves encontraron pan y carne, pero debía ser toda una película ver cómo los cuervos, que son carnívoros, no se tragaban un pedazo de carne, porque la voz de Dios les había dicho que no era para ellas sino para el profeta. Todos los días llegaban los cuervos con carne y pan, y los soltaban para el profeta, que seguramente asaría la carne y se la comía. Elías no trabajó, no compró, no hizo nada, solo escuchó la voz de Dios. Todos queremos el poder de Elías, pero no es fácil conseguirlo, para eso hay que escuchar la voz de Dios. Elías levantó un altar para que Jehová lo consumiera con Su fuego delante del pueblo de Israel.

«Cuando llegó la hora de ofrecerse el holocausto, se acercó el profeta Elías y dijo: Jehová Dios de Abraham, de Isaac y de Israel, sea hoy manifiesto que tú eres Dios en Israel, y que yo soy tu siervo, y que por mandato tuyo he hecho todas estas cosas» (*1 Reyes 18:36*).

¿Qué quiere decir: «por mandato tuyo he hecho esto»? Que él escuchó a Dios antes de manifestarse, pues no podía hacerlo sin primero recibir instrucciones o escuchar Su voz.

Muchos de nosotros tenemos solo un método para escuchar a Dios: audible, como a un trueno. Sin embargo, Él es Espíritu, por lo tanto, el medio más adecuado para que hable contigo es a través de tu espíritu. Pero si tu espíritu está adormecido, no podrás escucharlo. Por eso es que Juan, antes de encontrarse con Él, dijo: «Estuve en el espíritu». Dios quiere que abandones la carne y te abras a lo espiritual. Porque, en cuanto tu espíritu se eleve, será como una antena que recibirá ondas celestiales. Dios va a alimentar tu espíritu de tal manera que podrás escuchar a Dios, el poder de Su voz.

Dios me habló y me dijo: «Yo soy. Tú harás esto y yo haré aquello». Y desde que oigo, y hago lo que dice la voz de Dios, todo funciona. Dios le dijo a Moisés: «*Y tomarás en tu mano esta vara, con la cual harás las señales*» (*Éxodo 4:17*). Y Moisés hizo muchas señales con ella. Tocó el río Nilo y se convirtió en sangre. Tocó el Mar Rojo y se abrió. Golpeó la roca y salió agua. Levantó la vara e Israel venció a Amalec. Pero no era la vara la que tenía poder, era la voz de Dios en la vara.

Es la voz de Dios la que hace que todo exista. El Señor dijo: «*Tomarás en tu mano esta vara*». Moisés no podía buscar otra, porque la voz de Dios solo reconocía esa vara. Moisés no podía decir: «Bueno, yo soy el ungido, Él me llamó. Ya me cansé de esta vara. Voy a cortar otra». Podía haber varas más bonitas, pero resulta que Dios dijo que esa era la vara, no otra. Las cosas funcionan cómo y dónde Dios dice.

Algunos me han dicho: «Pastor, usted celebra un Congreso de cuatro días, ¿por qué lo llama Siete horas?». Porque ese fue el nombre que Dios me dio. Las cosas funcionan en el orden de Dios, no en el nuestro. Es la voz de Dios la que traerá avivamiento a tu espíritu, a tu iglesia y a tu vida. La voz de Dios habló a través de Elías y dijo: «No faltará harina, no faltará aceite». ¿Qué sucedió entonces?

«Y la harina de la tinaja no escaseó, ni el aceite de la vasija menguó, conforme a la palabra que Jehová había dicho por Elías» (1 Reyes 17:16).

El aceite se reproducía, la harina se multiplicaba, porque la voz de Dios estaba en aquella casa. La voz de Dios hace que de la nada sucedan todas las cosas.

Hace más de veinticuatro años, estaba orando por una vigilia en la que tenía que predicar, y vino la voz de Dios a mi espíritu diciendo: «Hoy voy a calzar muelas. Pondré muelas nuevas donde no hay. Las arreglaré con un material de esmeralda, de marfil y de oro. Haré cosas grandes. Y en esas muelas verás dibujos». Yo me espanté y me paré. Salí corriendo y contraté a un camarógrafo. Porque cuando Dios habla, hay que moverse según lo que habló. No tenía dudas de que eso que dijo iba a suceder. Esa noche, Dios calzó muelas a docenas de personas en la vigilia. Dibujaba cruces y palomas, y las calzaba con oro y esmeralda.

En otra oportunidad, en la Ciudad de México, hace varios años, Dios me dijo: «Hoy haré milagros en las muelas que tú nunca has visto». A la gente, literalmente, les salían muelas en oro puro. Dios recreaban muelas nuevas en la gente que no tenía. Esto parece increíble porque la Iglesia ya no tiene contacto con lo sobrenatural, y creen que nuestro Dios es manco, sordo, tuerto, mudo, y que ya no se mueve. Pero nuestro Dios tiene poder.

Otro día, mientras estaba orando, Dios me dijo con voz audible: «A donde vayas, haré una señal: La tierra temblará». Entonces, cuando llegué allí, dije: «Debe estar atento porque hoy Dios hará temblar la tierra». Y al instante, tembló. Las paredes se movían. Las personas caían dándose golpes, asustadas. Cuando Dios habla, todo sucede.

Finalmente, quiero decirte que la voz de Dios ha llegado a tu vida para cambiarte, para que seas diferente. Cuando Dios habla, las cosas suceden. Dios me dijo: «Ora, porque voy a desatar a Lázaro». La voz de Dios está en este momento en el lugar donde estás leyendo este libro. La voz de Dios acaba de llegar a tu espíritu. Oro para que tus oídos se abran, porque si escuchas a Dios, la victoria es tuya. Si escuchas a Dios, la victoria está en tus manos.

Capítulo V

¿POR QUÉ NO ESCUCHO LA VOZ DE DIOS?

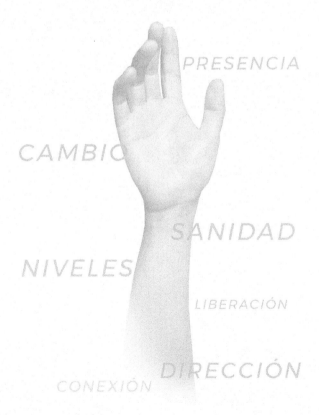

PRESENCIA

CAMBIO

SANIDAD

NIVELES

LIBERACIÓN

DIRECCIÓN

CONEXIÓN

El alimento espiritual

Una vida sin oración es una vida sin la presencia de Dios, sin visión, sin profecía. Es una vida en decadencia. El cristiano, para ser cristiano, debe tener tres cosas en su vida: la palabra de Dios, el Espíritu de Dios y una vida de oración. Sin ellas no puede ser como debe ser. No puedes oír la Palabra de Dios solo cuando vas a la iglesia. No puede ser posible que el predicador dijo: «Leamos el texto en el libro de Mateo, capítulo diez», y tú busques en Génesis. Debes conocer la Palabra de Dios, pues cuando el diablo tentó a Jesús: *«Él respondió y dijo: Escrito está: No sólo de pan vivirá el hombre, sino de toda palabra que sale de la boca de Dios»* (*Mateo 4:4*).

El apóstol Pablo dijo que, aunque nuestro hombre exterior se va desgastando, el interior se renueva de día en día *(2 Corintios 4:16)*. Somos renovados de nivel en nivel. El hombre exterior se desgasta y el interior se renueva. ¿Con qué se alimenta el hombre exterior? Con alimento, pupusa[1], churrasco, arroz, habichuelas. El hombre exterior se sostiene con alimentos materiales, pero aun así se va deteriorando día tras día, mes tras mes. Hoy somos más viejos de lo que éramos ayer.

El hombre interior, por su parte, se sustenta con alimento espiritual. De no ser así, como dice la Biblia, no serás fuerte espiritualmente, estarás anémico, enfermo y desnutrido en tu dimensión

---

[1] Palabra que usan los salvadoreños para referirse a una arepa rellena de queso.

espiritual. La Palabra de Dios es uno de los alimentos más poderosos para nutrir al hombre interior.

A Ezequiel una voz le habló y le dio a comer un rollo de libro, y le dijo: *«Hijo de hombre, alimenta tu vientre, y llena tus entrañas de este rollo que yo te doy. Y lo comí, y fue en mi boca dulce como miel»* (*Ezequiel 3:3*). La Palabra de Dios es alimento. Si no la lees, no estás alimentando tu hombre interior. Si no tienes tiempo para orar, tu hombre interior no se fortalecerá.

Si quieres tener una mentalidad sana, entonces nútrela con lo que necesita. Si tus pensamientos son pecaminosos, es porque te alimentas con cosas pecaminosas. Si tu mente y tus sentidos están conectados con las cosas carnales, naturales y racionales, tu mentalidad y tu pensamiento estarán constituidos de cosas carnales y naturales. Pero, si comienzas a inyectarle a tu mente las cosas espirituales, a pensar en las cosas de arriba, a leer la Palabra de Dios y a orar en lenguas, tu mente será espiritual.

La Escritura dice que tenemos que renovar nuestro entendimiento para conocer la voluntad de Dios. Debemos aprender a rendir nuestra mente a las cosas espirituales. Si no tomamos el control de nuestra mente, y dejamos que ella hable y piense lo que quiera, entonces seremos personas dirigidas por los sentidos naturales. Tenemos que obligar a nuestra mente a pensar en las cosas de arriba.

«No os conforméis a este siglo, sino transformaos por medio de la renovación de vuestro entendimiento, para que comprobéis cuál sea la buena voluntad de Dios, agradable y perfecta» (*Romanos 12:2*).

La renovación de la mente es por medio de pensamientos sanos y puros, que encontramos en la Palabra de Dios. Debemos ser transformados primero por dentro. Y la mente o el entendimiento es la base que nos ayuda a ser transformados. Así que, si tú no le das a tu mente el alimento correcto, tendrás pensamientos incorrectos. Pero si la alimentas con el pensamiento de Dios, tendrás palabras espirituales y serás renovado.

Este versículo nos dice también que, por la renovación del entendimiento, podemos comprobar cuál es la buena voluntad de Dios. A través de la renovación de la mente, nuestro espíritu comienza a discernir Su voluntad. Por lo tanto, si queremos conocer la voluntad de Dios, tenemos que trabajar en nuestro entendimiento, en nuestra mente.

La gente quiere oír a Dios con voz audible, pero el noventa por ciento de las veces que Dios nos habla, lo hace en nuestra mente, en nuestro interior. El hecho de que un profeta te hable es una bendición. Pero cuando tú dices: «Dios me habló por primera vez», significa que llevas años sin renovar tu mente y que tus oídos espirituales están tapados. Se supone que el profeta confirma lo que ya sabemos. El profeta no debería sorprendernos, sino confirmar lo que ya discernimos por medio de la renovación de nuestra mente.

Ahora, ¿cómo habla Dios a nuestro interior? Una de las formas es proyectando visiones en nuestra mente. Hay dos tipos de visiones: la interior y la exterior. La visión interior es la que surge cuando Dios plasma una imagen en la mente. La mente es un ojo espiritual a través del cual podemos ver cosas desde el interior. Podemos ver ángeles y lo que están haciendo. Esta visión es la que se genera dentro de nosotros y es plasmada por el espíritu.

La mayoría de los profetas ven por dentro, como si al morir pudiéramos darnos cuenta de la realidad de nuestro ser interior y de nuestro cuerpo. Todos vivimos en una casa que nos han prestado. Yo soy Juan Carlos, y me prestaron esta casa. No soy esta casa, sino que vivo dentro de ella. Cuando muera, lo que quedará será un pedazo de carne que en poco tiempo se pudrirá. Todo aquel que por alguna situación accidental, médica o especial, ha salido de su cuerpo y ha podido verse desde afuera, le pide a Dios que no le permita regresar. Es que fuera del cuerpo, vemos lo horribles que somos, lo desordenada que es la casa en la que habitábamos. Pero cuando Cristo nos hace nuevas criaturas, somos perfectos por dentro.

El otro tipo de visión es la externa, la que tienen los videntes, que solo ven por fuera. Es como observar algo en una pantalla, sin poder controlarlo.

Puedes ver la visión y, sin controlar nada, decir lo que está sucediendo. Pero antes de tener una visión, debes comenzar por renovar tu mente con la Palabra de Dios. Es tiempo de cambiar, renovar y ser diferente. Al hacerlo sentirás que acelerarás cosas que estaban atrasadas. ¡Dios te trajo hasta este punto del libro porque es tiempo de que obtengas la victoria! ¡Es tiempo de que veas y oigas la voz de Dios!

Cuando Dios te habla interiormente, ¿cómo te das cuenta? ¿Cómo identificas que Dios está hablando a tu espíritu, a tu mente? Es muy fácil. Porque mientras Él está hablando, va proyectando una imagen. Mientras estás oyendo que alguien tiene cáncer, estás viendo ese cáncer. La Palabra de Dios se revela en visión también.

El pecado nos separa de Dios

Hasta aquí hemos dejado en claro que no podemos vivir sin orar y que Dios no hará nada si no es en respuesta a la oración. Si callas y no oras, Dios no hará nada en tu favor. Será muy difícil que la mano de Dios se extienda hacia ti. Aunque Él siempre será nuestro Dios, inmutable, poderoso, que no varía. «*Jesucristo es el mismo ayer, y hoy, y por los siglos*» (*Hebreos 13:8*).

Él es el todopoderoso, el que hace maravillas y hazañas que son incontables. Él es fuerte, grande y temible.

Su poder no ha menguado. El texto de *Isaías 59:1* dice: «*He aquí que no se ha acortado la mano de Jehová para salvar, ni se ha agravado su oído para oír*».

Israel creía que la mano de Dios había caído en enfermedad, que no se movía, y tampoco escuchaba. Pero Dios le reclama a Israel, diciendo: «Ni mi mano se ha acortado, ni mis oídos se han cerrado. Sigo siendo el mismo Dios, con la misma potencia y el mismo poder», «*pero vuestras iniquidades han hecho división entre vosotros y vuestro Dios, y vuestros pecados han hecho ocultar de vosotros su rostro para no oír*» (*Isaías 59:2*).

¿Por qué hay gente que ora y no recibe? ¿Por qué hay gente que clama y Dios no le responde? ¿Por qué vemos personas que sirven al Señor por años, y todo el mundo prospera, menos ellos? A menudo, lo que sucede es que Dios puede responderles, aunque quisiera. Tal vez esto te suceda a ti, y Dios, en Su extendida misericordia, te ha traído esta palabra para sacarte del atraso espiritual en el cual te has movido por años.

Isaías dice: «*vuestras iniquidades han hecho división entre vosotros y vuestro Dios*». La causa por la cual la mano de Dios no se mueve en favor de tu vida y Su oído no se abre hacia ti, no es que se haya cansado ni que Su poder se haya acortado. Es a causa del pecado, porque abrazan la iniquidad. Por esa razón Dios no puede escucharlo.

«Si se humillare mi pueblo, sobre el cual mi nombre es invocado, y oraren, y buscaren mi rostro, y se convirtieren de sus malos caminos; entonces yo oiré desde los cielos, y perdonaré sus pecados, y sanaré su tierra» (*2 Crónicas 7:14*).

Isaías nos confirma que Dios no se comprometerá con personas que, teniendo la oportunidad de arrepentirse, no quieran hacerlo. Que, aun abriendo el cielo para ellas, no quieran humillarse. Entonces, las oraciones tienen obstáculos.

Hay oraciones que no serán respondidas porque no estamos caminando de acuerdo a Su voluntad. Por ejemplo, la Escritura afirma que, cuando hay enemistad entre el esposo y la esposa, Dios no escucha la oración. La enemistad es un obstáculo. Hay oraciones a las que Dios ni siquiera les pone atención.

Isaías presenta al pecado como el primer impedimento para que Dios no escuche. Es la primera causa que levanta una barrera entre Dios y el hombre. El pecado es lo primero que nos separa de la Presencia de Dios. Cuando permaneces en pecado, y no quieres arrepentirte, literalmente no eres elegible para que la presencia de Dios habite en ti.

Dios quiere bendecir tu vida, pero si te encuentras en pecado, no puede hacerlo. Hay personas a quienes Dios quiere bendecir, pero ellas mismas se oponen, con una actitud arrogante, que no acepta su error y tampoco se arrepienten. Dios dice: «¿No quieres arrepentirte? Entonces, no cuentes con mi Presencia. No cuentes con mi brazo, con mi poder, porque solo recibo corazones humillados».

Dios es tan delicado con la santidad que, si no te humillas ni pides perdón, Su Presencia no caminará contigo. He visto a hombres ofender al Espíritu Santo antes de subir a una plataforma para hablar frente a treinta mil personas, y he visto a Dios no hacer nada. Me he quedado con la boca abierta observando eso. Dios dice: «No puedo moverme si no hay reconocimiento de lo que has cometido». No estamos frente a un Dios que quiere verte arder en el infierno. Estamos frente a un Dios que quiere verte vivir en el cielo.

¿Qué es pecado?

El pecado es la primera causa que nos impide entrar al cielo y acceder a la Presencia de Dios. Ahora, ¿qué es el pecado? Pecado es desobedecer a Dios. Es hacer cosas que a Dios no le agradan. Es vivir una vida que Dios no quiere que vivamos. Hoy en día, los cristianos tienen enumerados los pecados: adulterar, fornicar, robar, matar, mentir... Pero pecado también es ofender, es falta de perdón. Pecado es que meterte donde nadie te ha llamado. Es querer vivir la vida de otro, cuando no puedes con la tuya. Pecado es sentir envidia por el que prospera en Dios. Es tener un espíritu de chisme, buscando toda ocasión de mostrar la debilidad del otro. Todo eso y varias cosas más, es pecado.

Constantemente veo a personas que se levantan contra siervos y siervas de Dios, y los critican por las redes sociales. Si cometiste un error, ofendiste a Dios, no a mí. Pero hay quienes se apoderan del pleito, aunque nunca les hayan hecho nada personal. Es que en el corazón de esas personas está el espíritu de perseguir y avergonzar a otros. Pecado es crear una atmósfera para exponer a otro para que quede mal. Pecado es buscar la ocasión para que otro sea avergonzado. Robar es pecado y, cuando no diezmas, estás robando, porque la Biblia establece que debemos llevar el diezmo al altar.

Pecado también es ser una persona dura de corazón. La ambición es pecado. Dejar de orar es pecado, por eso Samuel dijo:

«Así que, lejos sea de mí que peque yo contra Jehová cesando de rogar por vosotros; antes os instruiré en el camino bueno y recto» (*1 Samuel 12:23*).

No puede haber un avivamiento si no hay una limpieza en el interior de la iglesia. Si no nos volvemos a la santidad, no tendremos al Santo entre nosotros, porque Él no habita en templo sucio. Él no te está enjuiciando a través de estas palabras, solamente te estoy revelando lo que a Dios no le agrada, para que tomes la iniciativa de cambiarlo. Si amas a Dios, dejarás lo que sea por Él. Hay un sinnúmero de cosas que se pueden señalar como pecado, y no necesariamente tienen que ver con el adulterio y la fornicación, únicamente.

Una mujer dice: «Mire a esa pecadora que va allí, esa prostituta que tiene relaciones sexuales con cinco y seis hombres. Mírela, ¡qué desvergonzada!». Pero déjeme decirle que tan pecadora es una como la otra.

Me pregunto, ¿el infierno al que irá un adúltero, será diferente al que irá un chismoso, si ambos no se convierten a Cristo? Hay personas que han podido ver partes del infierno. Yo no quiero ver ni un poquito de ese fuego. Dios no nos hizo para vivir allí. Él nos diseñó para vivir en el cielo.

Consecuencias del pecado

Las consecuencias del pecado son horribles. Cuando pecas, le das una puerta legal a Satanás para que pueda entrar a tu vida y destruirte. Cuando el hombre pecó, fue destituido de la gloria de Dios. Jesucristo fue el único que pudo restaurar esa relación. Esto significa que, cuando vivimos una vida santa, somos restaurados en la gloria. No hay gloria sin santidad. No hay gloria sin arrepentimiento.

Cuando el hombre pecó, el pecado produjo la muerte, porque nos separó de Dios. Satanás tomó el control total. Pero, cuando Eva comió de aquella fruta, la creación no cayó. Porque el pecado entró por un hombre, no por una mujer. La mujer fue el conducto, la víctima manipulada:

«Y vio la mujer que el árbol era bueno para comer, y que era agradable a los ojos, y árbol codiciable para alcanzar la sabiduría; y tomó de su fruto, y comió; y dio también a su marido, el cual comió así como ella. Entonces fueron abiertos los ojos de ambos, y conocieron que estaban desnudos; entonces cosieron hojas de higuera, y se hicieron delantales» (*Génesis 3:6-7*).

Pero ¿por qué el pecado no entró por la mujer sino por el hombre? Porque a quien Dios constituyó como autoridad máxima fue a él. Por esa razón, cuando la mujer comió, no pasó nada, ni siquiera se abrieron sus propios ojos. Ella no sabía que estaba desnuda. Pero cuando Adán le dio la primera mordida, se reveló el pecado porque cayó la autoridad máxima.

La Biblia dice que por un hombre entró el pecado, pero por otro hombre entró la redención. ¿Ahora entiendes por qué Cristo no podía ser mujer? ¿Por qué no podía venir una salvadora ni podía morir una mujer en la cruz del calvario? Porque no fue la mujer la que introdujo el pecado sino el hombre. Por un hombre entró el pecado, y Dios dijo: «Otro hombre traerá la restauración». Es decir, Jesucristo, el Hijo de Dios.

El pecado te separa de la respuesta de Dios para ti. El pecado hace que tus oraciones no sean respondidas. ¿Has leído la parábola que Jesucristo le contó a unos que se creía mejores que otros?

«Dos hombres subieron al templo a orar: uno era fariseo, y el otro publicano. El fariseo, puesto en pie, oraba consigo mismo de esta manera: Dios, te doy gracias porque no soy como los otros hombres, ladrones, injustos, adúlteros, ni aun como este publicano; ayuno dos veces a la semana, doy diezmos de todo lo que gano. Mas el publicano, estando lejos, no quería ni aun alzar los ojos al cielo, sino que se golpeaba el pecho, diciendo: Dios, sé propicio a mí, pecador. Os digo que éste descendió a su casa justificado antes que el otro; porque cualquiera que se enaltece, será humillado; y el que se humilla será enaltecido» (Lucas 18:10-14).

El fariseo se fue igual que cuando llegó, arrogante. Pero el publicano se fue restaurado, redimido. ¿Cuál era el pecado del fariseo? Primero: El orgullo, el ego. Ese «yo» que está matando a los seres humanos. Segundo: Su falsa santidad. Creía que era más santo que el otro. El fariseo no fue restaurado porque estaba orgulloso de su santidad. Si tú eres santo y además oras, y de pronto te sientes más grande que los demás, ya pecaste y lo echaste todo a perder. Tantos años guardándote, y ahora te sientes más grande que los otros. Entonces lo arruinaste. Pero este es el momento de humillarte, de reconocerlo, y de pedir perdón.

Las consecuencias del pecado son miles, tantas que no pueden ser contadas. Además, suelen ser caóticas. ¿Te menciono algunas?

Primero: El pecado entristece a Dios.

«*Y vio Jehová que la maldad de los hombres era mucha en la tierra, y que todo designio de los pensamientos del corazón de ellos era de continuo solamente el mal. Y se arrepintió Jehová de haber hecho hombre en la tierra, y le dolió en su corazón*» (*Génesis 6:5-6*).

¿Ahora entiendes por qué es necesario renovar los pensamientos? Porque Dios no te juzga solamente desde tu palabra, sino desde tus pensamientos también. El pecado entristece a la Presencia de Dios. Todos los que hemos pecado, los que hemos cometido algún error, sabemos que en el momento nos sentimos tristes, porque la Presencia de Dios se entristece. Eso es bueno, pues nos dice dos cosas: Que nuestra acción entristece Su presencia y que todavía tenemos el Espíritu de Dios en nosotros. Si pecas y no te sientes triste, estás muy mal. Si puedes hablar mal de alguien deliberadamente, criticar, murmurar, no perdonar y luego no sientes culpa, y puedes alabar a Dios, estás endemoniado. ¿Cómo puedo hablarle mal a alguien, ofenderlo, saber que lo ofendí, y luego ir a orar y sentirme bien? Una mente así está cauterizada.

Segundo: El pecado trae culpabilidad. Cuando pecas, te sientes culpable. Por eso, el pecador le dice a Dios:

«Lávame más y más de mi maldad, Y límpiame de mi pecado. Porque yo reconozco mis rebeliones, Y mi pecado está siempre delante de mí.» (Salmo 51:2-3)

Tercero: El pecado trae juicio y castigo eterno. El que muere en pecado, irá al castigo eterno. El que muere sin Cristo, se pierde. Porque nadie puede llegar al cielo por sus obras. Nadie llega al cielo por ser rico o famoso.

> *Si llegas al cielo, será por medio de Jesucristo, cuando te arrepientas de corazón. Si hay algo grande en esta tierra, se llama salvación.*

Hay países, familias y personas bajo juicio. Ese del que decimos: «Ese hombre no está bien. Todos los negocios se le caen. Vende esquimalitos[2] bajo ese solazo, y nadie le compra». Es

---

[2] Helados o durofríos en Venezuela.

una persona bajo juicio. El pecado trae atraso. No hay alguien a quien se le note más la vejez que al que está en pecado. Se lo ve arrugado, desgastado.

Cuarto: El pecado esclaviza.

«¿No sabéis que si os sometéis a alguien como esclavos para obedecerle, sois esclavos de aquel a quien obedecéis, sea del pecado para muerte, o sea de la obediencia para justicia?» (Romanos 6:16).

Satanás esclaviza a través del pecado. Por eso, apareció el Hijo de Dios, para deshacer las obras del diablo y hacernos libres de esa esclavitud.

Quinto: El pecado causa ceguera espiritual. La Biblia habla de los que se pierden:

«el dios de este siglo cegó el entendimiento de los incrédulos, para que no les resplandezca la luz del evangelio de la gloria de Cristo, el cual es la imagen de Dios» (2 Corintios 4:4).

El que está en pecado no ve nada espiritualmente, pues está ciego ante el mundo espiritual y ante la realidad de Dios. El pecado nos enceguece.

Sexto: El pecado trae falta de esperanza.

En *Efesios 2:12*, Pablo habla a los santos y fieles en Cristo Jesús que habitaban en Éfeso, recordándoles el tiempo anterior a su conversión:

«En aquel tiempo estabais sin Cristo, alejados de la ciudadanía de Israel y ajenos a los pactos de la promesa, sin esperanza y sin Dios en el mundo».

El que está en pecado no tiene esperanza, tiene miedo. Vive con insomnio. Toma pastillas para dormir, porque cree que el techo se le va a caer encima. No quiere manejar porque sabe que va a chocar.

«Huye el impío sin que nadie lo persiga; Mas el justo está confiado como un león» (*Proverbios 28:1*).

Séptimo: El pecado corrompe.

Cuando las personas dejan que el pecado se empodere de ellas, se corrompen.

«Todas las cosas son puras para los puros, mas para los corrompidos e incrédulos nada les es puro; pues hasta su mente y su conciencia están corrompidas» (Tito 1:15).

Cuando estás en pecado, te corrompes fácilmente, haces cosas de las cuales después dices: «¡Dios mío!, yo era un animal, una bestia. ¿Cómo fue que caí tan bajo? ¿Estaba endemoniado?». Sí, el diablo estaba dentro de ti. Pero mientras estabas en pecado, no veías al diablo sino un deleite. Cuando te conviertes, y Cristo te limpia, dices: «¡Dios mío! Yo era un cadáver, un vampiro. Estaba atado, tenía al diablo en mí». Porque Cristo es el único que puede sanar nuestra ceguera y hacernos libres. Solo Cristo.

Octavo: El pecado nos separa de Dios y no nos deja acercarnos a Él.

«He aquí que no se ha acortado la mano de Jehová para salvar, ni se ha agravado su oído para oír; pero vuestras iniquidades han hecho división entre vosotros y vuestro Dios, y vuestros pecados han hecho ocultar de vosotros su rostro para no oír» (Isaías 59:1-2).

Otra versión del mismo texto dice:

«*El poder del Señor no ha disminuido como para que no pueda salvar, ni Él se ha vuelto tan sordo como para no oír. Pero las maldades cometidas por ustedes han levantado una barrera entre ustedes y Dios; sus pecados han hecho que él se cubra la cara y que no los quiera oír*» (*Isaías 59:1-2 DHH*).

Cuando pecamos deliberadamente y no nos arrepentimos, se levanta un muro entre Dios y nosotros. Él no puede pasar a donde nosotros estamos, ni nosotros podemos pasar a donde Él está. Así comenzamos a perder contacto con la Presencia de Dios. El pecado levanta un muro entre Dios y nosotros, y Dios decide no querer escucharnos. Esconde Su rostro y cierra Sus oídos, porque no nos quiere oír. No quiere oírnos, no porque no nos ame, sino porque nosotros no lo amamos. A veces damos prioridad a nuestra vida más que a Él.

Te animo a meditar acerca de qué cosas de tu vida deben ser cambiadas y confesadas delante de Dios.

Cómo librarnos del pecado

El pecado no va a dejar que nuestras oraciones sean escuchadas por el Todopoderoso. ¿Cómo podemos, entonces, ser libres del pecado? Y no me estoy refiriendo a los inconversos, porque ellos están en pecado, viven en pecado, están ciegos, no pueden ver la luz si no vienen a Cristo. Ellos no pecan, sino que son pecadores, son quienes hicieron a Dios arrepentirse de haber creado al hombre.

«Y vio Jehová que la maldad de los hombres era mucha en la tierra, y que todo designio de los pensamientos del corazón de ellos era de continuo solamente el mal» (*Génesis 6:5*).

Entre ellos está el impío, el que se levanta y dice: «Bueno, veré a dónde voy a ir a robar hoy». Lo planea. Y cuando roba, dice: «Mañana voy a atracar por otra calle». Ese es el pecador, el que peca continuamente.

Está el que dice: «Yo ya tuve relaciones con aquella muchacha. Pero ya no me gusta. Ahora voy a engañar a la que está de aquel lado». Y tiene una lista de mujeres a las que ha enamorado y engañado. Pero, además, está pensando a qué otra muchacha va a dañar, porque para él es un deleite. La Biblia dice que los pecadores se sientan en su cama y maquinan qué mal van a hacer mañana.

Pero a quien quiero hablarle específicamente es a los cristianos que se atan a un estilo de vida pecaminoso y no quieren cambiar. Te estoy hablando a ti, y te digo que el Espíritu Santo te ama con amor incondicional y no quiere que haya barreras entre tú y Él. El Espíritu Santo te envía mensajes, porque no quiere impedimentos entre tú y Él. El Espíritu Santo es nuestro mejor amigo y no desea obstáculos entre nosotros. Él desea que tengamos libre acceso a Su presencia y que vivamos abrazados a Su espíritu, llenos de gozo y de libertad.

Te hablo a ti, que eres de Dios, que amas a Dios, que quieres sentir a Dios, pero que a veces estás ligado a un pecado que, en tu conciencia, sabes que no debemos cometer, pero, por alguna razón, eres arrastrado a repetirlo. Ese estilo de vida de pecado es el que te separa de la Presencia de Dios. El Espíritu Santo te está hablando para que tomes la decisión de decir: «Me arrepiento, me humillo. Voy a abrazar a Jesucristo».

¿Cómo vencer al pecado? Porque el diablo, nuestro enemigo, está las veinticuatro horas del día planeando cómo nos hará caer. Planea todo el tiempo cómo destruirnos, qué va a hacer para quitarnos de la Presencia de Dios, qué va a hacer para robarnos la fe. Satanás nos está vigilando todo el tiempo.

Además de ese enemigo, tenemos otro: nuestra concupiscencia, que es peor. Porque el diablo por lo menos está afuera, pero ella está adentro de nosotros. Somos tentados por ella. Aquel pionero en la fe, Martín Lutero, afirmó: «Cuando me bauticé, me dijeron que el viejo hombre se iba a quedar ahí. Pero no me dijeron que sabía nadar. Pensaba que lo iba a ahogar, pero él sabía nadar, y salió vivo. Y peleo con él todos los días». Pablo dijo *«no sea que, habiendo sido instrumento de salvación, ahora me pierda»* (1 Corintios 9:27).

Alguna vez alguien dijo: «No sabía que mi carne y Satanás eran socios, pues tratan de mantenerse en contacto todo el tiempo». Debes saber que Satanás va a hostilizar y a estimular nuestra concupiscencia.

¿Te ha cansado esta lectura? ¿Tal vez tienes sueño o quizás te parece demasiado larga? Esa es una manifestación de la concupiscencia que está enojada, porque hoy vas a recibir herramientas para mantenerla bajo tus pies.

Nuestra concupiscencia es socia del mal. La carne no se arrepiente, no cambia, porque no quiere ni puede.

———————————————●———————————————

«Por cuanto los designios de la carne son enemistad contra Dios; porque no se sujetan a la ley de Dios, ni tampoco pueden; y los que viven según la carne no pueden agradar a Dios» (Romanos 8:7-8).

———————————————●———————————————

Esa carne a la que besas, a la que perfumas, no quiere arrepentirse, ni puede. Esa carne que peinas y que mimas, no quiere agradar a Dios, pero tampoco puede, dice la Biblia. Somos tentados por nuestra propia concupiscencia. Por eso Pablo dijo:

«Porque lo que hago, no lo entiendo; pues no hago lo que quiero, sino lo que aborrezco, eso hago» (*Romanos 7:15*).

Poco a poco se va aclarando esta contradicción, hasta llegar a una conclusión:

«Porque según el hombre interior, me deleito en la ley de Dios; pero veo otra ley en mis miembros, que se rebela contra la ley de mi mente, y que me lleva cautivo a la ley del pecado que está en mis miembros. ¡¡Miserable de mí! ¿quién me librará de este cuerpo de muerte?» (*Romanos 7:22-24*).

El apóstol Pablo, hablaba de su condición natural y de su condición espiritual, en el capítulo ocho dice que ha entendido cómo librarse de la carne: viviendo rendido al Espíritu Santo de Dios:

«Ahora, pues, ninguna condenación hay para los que están en Cristo Jesús, los que no andan conforme a la carne, sino conforme al Espíritu. Porque la ley del Espíritu de vida en Cristo Jesús me ha librado de la ley del pecado y de la muerte» (*Romanos 8:1-2*).

Tres herramientas para vencer el pecado

Primero: Jesús venció al pecado. Fue tentado en todo, pero nunca pecó. No creas que para Jesús fue fácil. Algunos creen que a él no lo tentaba la carne, que no tenía pasión. Pero nada de eso es así. Elías bajaba fuego del cielo y Santiago dice que también estaba sujeto a pasiones. Así que no te sientas triste por esa bestia a la que tienes que domar todas las noches, porque Elías tenía que domarla también.

Segundo: El que no entiende la realidad de su batalla con la concupiscencia, jamás crece en el Señor. Tú puedes ser el hombre o la mujer más fuerte, pero sin el Espíritu Santo, no puedes vencer tu propia concupiscencia. Solos no podemos. Por eso, para vencer al pecado, necesitamos rendirnos y decir: «Yo solo no puedo. ¡Ayúdame Espíritu Santo!». Y Él te ayudará a vencerte a ti mismo, para que vivas una vida rendida al Espíritu.

Tercero: Viviendo en Su Palabra. Nadie se santifica si no es por Su Palabra. Nadie tiene vida si no es por Su Palabra. Cuando lees la Palabra, se vuelve una herramienta en tu espíritu. Si no lees lo que está escrito, cuando venga la tentación, el enemigo, te va a confundir. Tienes que alimentarte de la Biblia, para que cuando venga el tentador y te diga: «Dios no está contigo». Puedas responder: «Escrito está: ¡Él está conmigo hasta el fin del mundo!». Cuando te susurre: «Oye, los enemigos te vamos a rodear». Puedas contestar: «¡Escrito está! ¡Por un camino vienen y por siete huyen de mí!». Y cuando insista: «Mira, estás solo». Puedas decirle: «No estoy solo. ¡Escrito está, el ángel de Jehová acampa alrededor de los que le temen!».

Capítulo VI

LA GLORIA
DE SU PRESENCIA

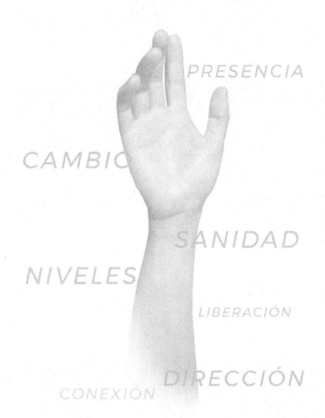

La eternidad de Dios

Cuando Moisés tuvo un encuentro especial con la gloria de Dios, fue bendecido de una manera sorprendente y sobrenatural. Dios llamó a Moisés para que fuera al monte Sinaí a encontrarse con Su gloria. Tenía que hablarle y darle revelaciones. Moisés permaneció allí durante cuarenta días y cuarenta noches.

«Y subieron Moisés y Aarón, Nadab y Abiú, y setenta de los ancianos de Israel; y vieron al Dios de Israel; y había debajo de sus pies como un embaldosado de zafiro, semejante al cielo cuando está sereno. Mas no extendió su mano sobre los príncipes de los hijos de Israel; y vieron a Dios, y comieron y bebieron. Entonces Jehová dijo a Moisés: Sube a mí al monte, y espera allá, y te daré tablas de piedra, y la ley, y mandamientos que he escrito para enseñarles. Y se levantó Moisés con Josué su servidor, y Moisés subió al monte de Dios. Y dijo a los ancianos: Esperadnos aquí hasta que volvamos a vosotros; y he aquí Aarón y Hur están con vosotros; el que tuviere asuntos, acuda a ellos. Entonces Moisés subió al monte, y una nube cubrió el monte. Y la gloria de Jehová reposó sobre el monte Sinaí, y la nube lo cubrió por seis días; y al séptimo día llamó a Moisés de en medio de la nube. Y la apariencia de la gloria de Jehová era como un fuego abrasador en la cumbre del monte, a los ojos de los hijos de Israel. Y entró Moisés en medio de la nube, y subió al monte; y estuvo Moisés

en el monte cuarenta días y cuarenta noches» (*Éxodo 24:9-18*).

Moisés pudo encontrar a Dios cuando lo llamó para que tuvieran un encuentro. Dios quería mostrarle el camino. Nadie llega a Dios si primero no le revela el camino. Por eso, en una ocasión, Moisés le dijo a Dios: *«te ruego que me muestres ahora tu camino, para que te conozca»* (*Éxodo 33:13b*). Solo podemos conocer a Dios cuando Él se muestra a Sí mismo.

En el Sinaí, Dios le dijo a Moisés: *«Sube a mí al monte, y espera allá»*. Moisés esperó seis días. Al séptimo, lo llamó de en medio de la nube y le dijo: «Acércate». Observa la importancia de esperar a Dios. Él te hace esperar hasta que sabe que estás listo para ser introducido en la gloria o en la dimensión de Su Presencia. A ese lugar no llegas por tu fuerza, por tu carne ni por tu capacidad, sino por Su misericordia. No hay forma de llegar a Dios si no es por pura misericordia.

Moisés dijo que la gloria de Dios era como un fuego abrasador sobre la cumbre del monte. La Biblia relata que Josué y Moisés subieron, pero Dios llamó a Moisés desde la oscuridad de la nube. Así que Josué se quedó aparte y Moisés subió a donde Dios lo llamó. Allí, en la presencia del Dios vivo, permaneció durante cuarenta días y cuarenta noches. Nuestro Dios quiere tener una relación con nosotros. Él no nos quiere lejos, nos quiere cerca, quiere que nos aproximemos cada día más a Él.

Cuando Moisés entró en la nube de la gloria de Dios, que era como un fuego abrasador, durante cuarenta días y cuarenta noches, Dios le dio mandamientos, diseños y revelaciones. En esos días, le dio todo lo que quería que Moisés hiciera referente al tabernáculo, al arca, a las fiestas, a las costumbres, a la vestimenta, al sacrificio de los corderos. Todo fue revelado por Él mismo. Dios no recibiría nada del hombre si primero no era revelado al hombre.

Se dice que el Génesis le fue revelado a Moisés en esos cuarenta días. Esto significa, según los estudiosos, que cuando Moisés entró en la gloria de Dios, el tiempo dejó de existir. En la gloria de Dios no hay espacio ni tiempo, no existe ni mañana ni futuro. Delante de Dios hay un eterno presente.

Isaías dice que Dios habita la eternidad (57:15). Él no está sujeto al tiempo y al espacio, como tú y yo. De hecho, para crear al mundo, tuvo que estar fuera del tiempo y dentro del tiempo. Él no está sujeto a nada.

Para revelarle el Génesis a Moisés, Dios tuvo que llevarlo al pasado de todas las cosas. Así Moisés empezó a escribir en detalle todo lo que ocurrió. Él vio cómo en el principio creó Dios los cielos y la tierra, y la vio desordenada y vacía, y vio las tinieblas. También vio cuando el Espíritu se movía, y escribió: «*Y el Espíritu de Dios se movía sobre la faz de las aguas*» (*Génesis 1:2c*). Y oyó cuando dijo: «Sea la luz», entonces escribió: «*Y dijo Dios: Sea la luz; y fue la luz*» (*Génesis 1:3*). Moisés comenzó a ver cada instancia de la Creación, cada cosa que Dios había hecho en el principio, le fue revelado. Esto es algo que la gente no comprende, pero a Dios no se lo entiende por lógica, sino por revelación.

¿Sabes por qué el diablo no conoce lo que Dios quiere hacer contigo? Porque le tendría que ser revelado, y Dios no se les revela a los demonios sino a los espíritus contritos y humillados.

Así que, si analizamos un poco lo que significa que Moisés haya escrito el Pentateuco, el Génesis, podemos entender que Dios lo llevó al principio. Allí se le reveló a sí mismo creando el mundo. Y todo lo que Moisés veía lo iba escribiendo. Cuando Dios dijo: «Aparezca la lumbrera mayor», Moisés vio el sol, y cuando dijo: «Aparezca la lumbrera menor», Moisés vio la luna. Todo lo escribió. Moisés vio cuando Adán se durmió y cuando formaron a Eva de su costilla. También vio la serpiente tentando a Eva. Moisés vio todo.

¡Esto es impresionante! Dios le reveló a Moisés el Génesis, le reveló a José, le reveló a Jacob. Moisés fue llevado al pasado y luego tuvo que sentarse y ver a Jacob durmiendo en Betel. Tuvo que entrar en el sueño de Jacob y ver lo que soñaba. Oyó al Señor hablándole a Jacob en el sueño. Moisés escribió el Génesis, entonces, él estuvo ahí. La gloria de Dios lo llevó a ver todo eso.

La morada de la gloria: el arca

Dios no solo le reveló el libro de Génesis a Moisés, sino que también comenzó a darle mandamientos y preceptos sobre lo que tenía que hacer, y sobre lo que Dios quería que hiciera.

Una de esas enseñanzas fue la del diseño del tabernáculo. El Señor le especificó cuántos codos, cuántas cortinas, qué distancia debía haber entre cada elemento. Dios es un Dios de detalles. Él le precisó a Moisés cómo debía ser cada elemento. Cada cosa tenía que ser exactamente como Él se lo había mostrado, porque el tabernáculo era una revelación del que existe en el cielo.

Otra de las cosas que Dios le reveló a Moisés en aquellos cuarenta días de ayuno en el monte Sinaí, fue el arca, la morada que Dios quería diseñar para habitar entre el pueblo.

«Harán también un arca de madera de acacia, cuya longitud será de dos codos y medio, su anchura de codo y medio, y su altura de codo y medio. Y la cubrirás de oro puro por dentro y por fuera, y harás sobre ella una cornisa de oro alrededor. Fundirás para ella cuatro anillos de oro, que pondrás en sus cuatro esquinas; dos anillos a un lado de ella, y dos anillos al otro lado» (Éxodo 25:10-12).

Los anillos de oro que debían estar en cada lado del arca, representan la eternidad, sin principio y sin final. El arca debía ser cargada únicamente por los sacerdotes, gente escogida, elegida y preparada. Gente que se dedicaría a ella.

Pero en tiempos de Elí y Samuel, en plena batalla con Israel, el arca fue robada por los filisteos.

«Pelearon, pues, los filisteos, e Israel fue vencido, y huyeron cada cual a sus tiendas; y fue hecha muy grande mortandad, pues cayeron de Israel treinta mil hombres de a pie. Y el arca de Dios fue tomada, y muertos los dos hijos de Elí, Ofni y Finees» (*1 Samuel 4:10-11*).

Después, cuando Saúl fue rey, se olvidó del arca, que estuvo perdida durante veinte años. Tras vencer en batalla a los filisteos, David recuperó el arca y quiso transportarla en una carreta nueva con bueyes jóvenes. Pero en cierto lugar del camino, los bueyes tropezaron y el arca tambaleó, así que un joven llamado Uza extendió su mano y la sostuvo. Dios se airó con él y del arca salió un rayo y lo mató *(2 Samuel 6:6-7).*

Dios nunca diseñó el arca para ser cargada por burros o bueyes, sino para ser llevada por gente dedicada, apartada y consagrada para el arca. Los sacerdotes vestían, vivían y comían diferente. Su único trabajo era santificarse para cargar la gloria de Dios sobre sus hombros.

Cuando Josué y los hijos de Israel estaban frente al río Jordán, y «*habló Josué a los sacerdotes, diciendo: Tomad el arca del pacto, y pasad delante del pueblo. Y ellos tomaron el arca del pacto y fueron delante del pueblo*» (*Josué 3:6*).

Luego Josué habló al pueblo:

●

«*He aquí, el arca del pacto del Señor de toda la tierra pasará delante de vosotros en medio del Jordán. Tomad, pues, ahora doce hombres de las tribus de Israel, uno de cada tribu. Y cuando las plantas de los pies de los sacerdotes que llevan el arca de Jehová, Señor de toda la tierra, se asienten en las aguas del Jordán, las aguas del Jordán se dividirán; porque las aguas que vienen de arriba se detendrán en un montón*» (*Josué 3:11-13*).

●

Cuando cargaban el arca, muchas veces la cubrían con un manto azul para que nadie la viera. Los sacerdotes que la portaban, eran cuatro hombres con vestiduras santas que tenían unas letras en la frente que decían: «Santidad Jehová». Ellos estaban santificados por dentro y por fuera.

La Biblia relata que cuando sus pies tocaron el Jordán, este se espantó y se abrió. El río respondió, no a los pies de los sacerdotes, sino a la gloria que ellos cargaban. Por eso, debes entender que los demonios no van tras de ti, sino tras el depósito de la gloria de Dios en tu vida.

Mientras escribía acerca de esto, el Espíritu del Señor me dijo:

—¿Te has fijado que escogí a Josué?

—Sí, Señor, —respondí.

—Yo lo ungí —continuó diciéndome—. Puse el espíritu de Moisés en él. Sin embargo, Josué, que era el líder, el hombre que Yo escogí, jamás se atrevió a cargar el arca.

—¿Por qué, Señor?, —le pregunté.

—Porque él no había sido asignado para esa tarea. Debes aprender a sujetarte a hacer solo lo que Yo te envié a hacer, solo eso.

> *Tenemos que ser fieles a la tarea,*
> *al lugar donde Dios nos pone,*
> *sin querer sustituir a nadie,*
> *si no hemos sido enviados.*

El Espíritu del Señor también me dijo: «El arca era poderosa». Según los estudiosos, el arca era como un arma que emitía rayos. Se cree que, cuando los sacerdotes iban caminando y se encontraban en montes donde había árboles que obstaculizaban el camino, del arca salía un rayo que apartaba los árboles y abría caminos delante de ellos. Por eso es que, cuando los israelitas iban a la guerra, llevaban el arca al frente, pues, en muchas batallas, del arca salía un rayo que mataba a sus enemigos. La presencia de Dios allana el camino por donde debemos andar.

También el Espíritu Santo me dijo: «¿No te has preguntado por qué el arca no se suspendía en el aire? ¿Por qué no quedaba suspendida sola, si a causa de la Presencia de Dios, podía levitar? Es que Yo quería que alguien cargue con ella, que alguien la cuide. Yo quiero que alguien se haga responsable, que la tenga sobre sus hombros, que alguien cargue el peso de Mi gloria». Y ese alguien eres tú.

La descripción del diseño del espacio donde debía morar la *Shekhiná* de Dios, la nube de gloria, también surgió de aquellos cuarenta días. Esta nube era una especie de círculo de fuego, que se movía como un embudo, era pequeña en el arca, pero se hacía cada vez más y más grande a medida que iba subiendo, hasta que cubría el cielo y producía sombra para el pueblo en el día y fuego en las noches:

«Y cuando la nube se alzaba del tabernáculo, los hijos de Israel se movían en todas sus jornadas; pero si la nube no se alzaba, no se movían hasta el día en que ella se alzaba. Porque la nube de Jehová estaba de día sobre el tabernáculo, y el fuego estaba de noche sobre él, a vista de toda la casa de Israel, en todas sus jornadas» (Éxodo 40:36-38).

El fuego no venía de arriba, salía del arca. La nube no venía de arriba, la producía el arca. El único momento en que la nube se apartaba del arca era cuando Dios decía: «Hay que moverse». Entonces, se retiraba la nube y se quedaba arriba, tapaban el arca, comenzaban a caminar con ella y todo el pueblo iba detrás.

Tras el arca caminaba la primera tribu, la de Judá, alabando y en pie de guerra. Esta era la tribu más sangrienta. Sus hombres eran guerreros sin sentimientos. Eran como leones, por eso se habla del León de la tribu de Judá. Por eso, los dos reyes más poderosos descienden de esa tribu: David y Jesucristo, el Rey de Reyes. El arca siempre marcaba el camino por donde Israel debía moverse y un sacerdote iba vigilando la nube que estaba en el aire para identificar en qué momento se detenía. El pueblo siempre iba a una distancia de treinta millas de la nube, cuando se detenía, el pueblo paraba y levantaba el campamento. Pero la nube permanecía arriba hasta que el campamento fuera desplegado. Cuando todo estaba armado y el arca estaba ubicada en el lugar santísimo, la nube bajaba como por un embudo, y la gente podía ver lo visible de la gloria de Dios en el arca.

Este es uno de los misterios del Antiguo Testamento, que es sombra del Nuevo, de lo que nosotros debemos de vivir, en todo encontramos referencia o vislumbre del Maestro. Todo se relaciona con Jesús. Todo se relaciona con el Padre.

La trinidad dentro del arca

El arca era una caja enchapada en oro, con barras de madera enchapadas en oro en su exterior, los anillos, la decoración y el propiciatorio, que era una tapa sólida de oro puro, que cubría el arca y que tenía dos querubines, pues dijo Dios a Moisés:

«Harás también dos querubines de oro; labrados a martillo los harás en los dos extremos del propiciatorio. Harás, pues, un querubín en un extremo, y un querubín en el otro extremo; de una pieza con el propiciatorio harás los querubines en sus dos extremos» (*Éxodo 25:18-19*).

Ahora, ¿qué había dentro del arca? Según dice *Hebreos 9:3-5:*

«Tras el segundo velo estaba la parte del tabernáculo que es llamada el Lugar Santísimo, el cual tenía un incensario de oro y el arca del pacto cubierta de oro por todas partes, en la que estaba una urna de oro que contenía el maná, la vara de Aarón que reverdeció, y las tablas del pacto; y sobre ellas los querubines de gloria que cubrían el propiciatorio; de las cuales cosas no se puede ahora hablar en detalle».

En el interior del arca había tres elementos: las tablas de la ley, el maná y la vara de Aarón. Y en ellos tres se posaba la *Shekhiná* de Dios. Sobre el propiciatorio (la tapa con los querubines) se creaba la nube y surgía la voz de Dios. Era como el primer teléfono de la historia. Dios hablaba con Moisés y Moisés hablaba con Dios. Dios oía a Moisés y Moisés oía a Dios.

En esta arca podemos ver la Trinidad revelada. Primero, las tablas de la ley representan al Padre, quien da el mandamiento. Por eso es que se dice que los diez mandamientos los escribió Dios, no el Hijo, sino el mismo Padre.

Segundo, el maná representa al Hijo, que es el pan que descendió del cielo y es más grande que el maná que cayó en el desierto. Este maná, que estaba dentro de una urna o vasija de oro puro, cayó del cielo, y Dios dijo: «Recójanlo y pónganlo en esa vasija dentro del arca».

Tercero, la vara de Aarón, que representa al Espíritu Santo. Es el que nos hace producir sin tener ingredientes, sin la participación de la fuerza humana.

Sobre el maná, se dice que por cuarenta años estuvo en aquella urna y nunca se pudrió. La Biblia narra que cuando el maná caía del cielo y lo dejaban de un día para otro, amanecía dañado, pero el que estaba en el arca no se dañaba. La atmósfera dentro del arca era distinta, las leyes físicas que dominaban el exterior del arca, no afectaban el interior. Lo que había dentro del arca era un soplo de eternidad. Todo lo que estaba adentro duraría hasta la eternidad, porque el que habitaba allí era el eterno. Es por eso que el mundo y su deseo pasan, pero el que hace la voluntad de Dios permanece para siempre. Jesús dijo: «*El cielo y la tierra pasarán, pero mis palabras no pasarán*» (*Mateo 24:35*). El que está con Dios es eterno. El que está con Dios, no muere, sino que duerme para ser despertado. El maná no se dañaba porque estaba en otra dimensión. Estaba dentro de la presencia tangible de Dios.

———————————●———————————

En *Juan 6:48-50*, Jesús dice: «*Yo soy el pan de vida. Vuestros padres comieron el maná en el desierto, y murieron. Este es el pan que desciende del cielo, para que el que de él come, no muera*».

———————————●———————————

Este pan que bajó del cielo es el que produce que no volvamos a tener hambre. Él es el pan que nos alimenta, que nos sana, que nos salva. Por eso, Satanás, ridículamente trató de tentar «al alimento mismo» con el hambre. Pero Jesús le respondió: «*Escrito está: No sólo de pan vivirá el hombre, sino de toda palabra de Dios*» (*Lucas 4:4c*). Él es la palabra que viene.

Sobre la vara de Aarón, la Biblia dice que cuando reverdeció, echó flores y frutos, y lo hizo en un período de veinticuatro horas o menos:

«*Y Moisés puso las varas delante de Jehová en el tabernáculo del testimonio. Y aconteció que el día siguiente vino Moisés al tabernáculo del testimonio;*

y he aquí que la vara de Aarón de la casa de Leví había reverdecido, y echado flores, y arrojado renuevos, y producido almendras» (Números 17:7-8).

Todos sabemos que, para que la vara reverdeciera, tendría que haber sido sembrada, abonada y regada con agua. Sin embargo, el Espíritu de Dios, Su Presencia la hizo reverdecer, echar flores y frutos, sin tener los elementos básicos que podían hacerla producir. El elemento que le daba vida era la presencia de Dios. El trabajo del Espíritu Santo es hacernos dar fruto sin fuerza humana. Él es quien nos hace reverdecer. Él es quien nos hace dar frutos y nos mantiene vivos.

Por eso, la Biblia habla de los frutos del Espíritu. El Espíritu es el que te hace ser fructífero. Nadie puede ser fructífero sin el Espíritu Santo. Nadie puede mantenerse reverdeciendo, vivo, sin la presencia de Dios. El Espíritu Santo es el que nos hace reverdecer, no es nuestra capacidad, nuestra inteligencia ni nuestros recursos; es la presencia del Espíritu de Dios viviendo en nosotros.

Sobre los mandamientos, la ley, Dios nos está diciendo: «Yo soy tu ley». Él dijo: «*Daré mi ley en su mente, y la escribiré en su corazón*» (*Jeremías 31:33*). Así, la ley de Dios no ha caducado. Por eso Jesús dijo: «*No penséis que he venido para abrogar la ley o los profetas; no he venido para abrogar, sino para cumplir*» (*Mateo 5:17*). La ley de Dios es eterna y para siempre.

El lugar de la misericordia

En el propiciatorio, la tabla de oro puro de una sola pieza donde los querubines estaban mirándose, en ese espacio se producía la gloria. Dios dijo:

«Y los querubines extenderán por encima las alas, cubriendo con sus alas el propiciatorio; sus rostros el uno enfrente del otro, mirando al propiciatorio los rostros de los querubines. Y pondrás el propiciatorio encima del arca, y en el arca pondrás el testimonio que yo te daré. Y de allí me declararé a ti, y hablaré contigo de sobre el propiciatorio, de entre los dos querubines que están sobre el arca del testimonio, todo lo que yo te mandare para los hijos de Israel» (Éxodo 25:20-22).

Sobre esa caja, con los dos querubines enchapados en oro puro, se producía la gloria y la voz de Dios. Dios había diseñado ese sistema para hablar con nosotros. Moisés no le dijo a Dios cómo quería oírlo, sino que Dios le dijo a él cómo le iba a hablar, cuál sería el sistema y el lugar: el espacio entre los querubines.

Esos querubines tenían el diseño de los que llaman querubines de gloria, los que vio Ezequiel. Estos caminan en la gloria, viven por la gloria, comen gloria, sueñan con la gloria, están en gloria.

Jehová decidió eliminar a los dos hijos de Aarón, y después de que ello se cumplió, «*Jehová dijo a Moisés: Di a Aarón tu hermano, que no en todo tiempo entre en el santuario detrás del velo, delante del propiciatorio que está sobre el arca, para que no muera; porque yo apareceré en la nube sobre el propiciatorio*» (*Levítico 16:2*).

Así que, para acercarse al propiciatorio, a esa arca de gloria, Aarón tenía que ser llamado por Dios. Eso solo ocurría una vez al año. Durante todo un año se preparaba para entrar, y lo hacía por muy poco tiempo. Esto parecía extraño, ya que Aarón tenía una vestimenta diseñada por Dios, un aceite diseñado por Dios, hasta la ropa interior era diseñada por Dios. Dios era muy específico en todo, incluso en cómo lo iban a ungir para entrar. Dios exigía una gran disciplina para permitir la entrada al lugar santísimo, una vez al año. Pero la Biblia dice que Moisés entraba a diario, porque aparte de ser llamado, era amigo de Dios. Cuando eres amigo de Dios, tienes privilegios que otros no tienen.

El propiciatorio, es el lugar donde se perdonan los pecados, el lugar de la clemencia, de la misericordia de Dios. Nadie podía entrar allí por mérito propio. Nadie podía acercarse a esa tapa por ser bueno, sino por la gran misericordia que Dios tenía. Pues a Su presencia no se llega por méritos humanos sino por misericordia, porque Él ha dicho: «*...tendré misericordia del que tendré misericordia, y seré clemente para con el que seré clemente*» (*Éxodo 33:19b*). Y Pablo dice: «*Así que no* *depende del que quiere, ni del que corre, sino de Dios que tiene misericordia»* (Romanos 9:16).

> **No vamos a entrar en la presencia de Dios por ser buenos, sino porque Él es bueno, porque Él es misericordioso.**

Cuando el sacerdote entraba al lugar santísimo, tenía que hacerlo con una vasija llena de sangre de cordero y con el incensario rociar un poco de esa sangre. Ingresaba mostrando el sacrificio y en adoración, porque para entrar a Su Presencia, algo tiene que morir. Para llegar a Su Presencia, hay que llevar evidencia de que algo murió primero, pues Su Presencia no resiste ni recibe la carne, no recibe a gente viva sino muerta al yo. De ese modo, la gloria se producía, y Dios decía lo que había qué hacer.

Pero el cordero inmolado era sombra del nazareno, que fue el mismo sacerdote que entró al propiciatorio. Fue el mismo cordero que derramó su propia sangre. Por eso, cuando Él murió, el velo se rompió, dándonos acceso total a la presencia de Dios. Ya no hay que esperar un año para hablar con Dios. En *Juan 14:23*, Jesucristo dice: «*El que me ama, mi palabra guardará; y mi Padre le amará, y vendremos a él, y haremos morada con él*». La presencia de Dios es para siempre.

En *Salmo 51:16-17*, se dice: «*Porque no quieres sa-crificio, que yo lo daría; No quieres holocausto. Los sacrificios de Dios son el espíritu quebrantado; Al corazón contrito y humillado no despreciarás tú, oh Dios*».

Ese es el sacrificio que pide Dios. Ya no hay que entrar una sola vez al año a Su Presencia, sino a cada momento, a cada instante. Israel tuvo el privilegio de ver la nube de gloria, pero la Biblia dice que todo eso era la sombra de lo que podemos vivir hoy. Aquello era una especie de simulacro de lo verdadero. Hoy no hay querubines, pero está el Espíritu Santo.

La misma presencia que estaba en el arca, hoy está disponible para nosotros. Nadie podía llegar por sus propios méritos a ese propiciatorio, que era la tapa del arca. Allí nadie podía compenetrarse con la gloria por sus méritos, sino por pura misericordia. La gente no entiende que la misericordia es la que nos ha mantenido delante de Él. Por eso Mefiboset, el hijo lisiado de Jonatán y nieto de Saúl, se sentó a la mesa del rey David, comió como príncipe, vistió como príncipe y vivió el resto de su vida como príncipe, pues «*Dijo David: ¿Ha quedado alguno de la casa de Saúl, a quien haga yo misericordia por amor de Jonatán?*» (*2 Samuel 9:1*).

Mefiboset no participó de esa mesa por mérito propio, sino por pura misericordia. Desde el momento en que crees que te lo ganaste, acabas de perderlo. No te lo vas a ganar, Él te lo va a regalar. Y tal vez me digas: «¡Pastor, pero yo ayuné para esta unción!». ¿Y quién te dio la fuerza para ayunar? Al final de la historia, todo proviene de Él.

En la ciudad de Houston, en abril o mayo de 2021, vi la nube de gloria descender sobre una iglesia donde fui a ministrar. Una noche antes de que eso sucediera, fui tomado por la misericordia de Su Presencia y estuve sumergido hasta la madrugada en ella, sin poder dormir, quebrantado. No podía hacer otra cosa que dar gracias: «Gracias, gracias, gracias. No lo merezco. ¿Quién soy yo? Gracias». Cuando estás delante de la verdadera presencia de Dios, lo primero que dices es: «¡Ay de mí!». Porque la Presencia te revela hasta la última cosa que tienes.

Cuando fui a ministrar a esa iglesia, en un momento dado, la Presencia descendió tan fuerte que vi cómo la atmósfera era capturada por una nube. Se veía una nube un poco espesa, caminando entre la gente. Entonces pensé: «¿Solo yo la estoy viendo?». Pero después me di cuenta de que el chófer que me llevaba dijo: «Vi la nube descender sobre el pueblo». Esa nube, esa presencia de Dios, es el Espíritu Santo.

Dios restaura lo que rompiste

Después de cuarenta días, Moisés descendió del monte Sinaí con la ley, los mandamientos diseñados por Dios para el tabernáculo y para las fiestas.

Además, descendió lleno de diseños y de revelación, y ¿qué se encontró? Con un pueblo distorsionado que comenzó a adorar a un dios falso, a un becerro de oro. Esto enojó a Moisés tanto que, cometió el error de su vida: rompió las tablas. Al ver la benevolencia del Dios del cielo y la ingratitud de un pueblo que parecía loco, Moisés se airó tanto que tiró las tablas, y se rompieron.

———————————————●———————————————

«Y aconteció que cuando él llegó al campamento, y vio el becerro y las danzas, ardió la ira de Moisés, y arrojó las tablas de sus manos, y las quebró al pie del monte» (Éxodo 32:19).

———————————————●———————————————

Pero el pueblo no solo había hecho un becerro, sino que, mientras bailaban, decían: «Este es el Dios que te sacó de Egipto».

El acto de arrojar las dos tablas le hizo mal a Moisés. Y no fue la única vez que su enojo con el pueblo lo perjudicó. El *Salmo 106:32-33* dice: *«También le irritaron en las aguas de Meriba; y le fue mal a Moisés por causa de ellos, Porque hicieron rebelar a su espíritu, Y habló precipitadamente con sus labios».*

El pueblo llevó a Moisés a salirse de la comunión con Dios. Tenemos que aprender a reposar nuestro espíritu, a tal punto que nadie nos haga pecar contra Dios. Seguramente encontrarás a personas malagradecidas con Dios, que te provocarán ira; pero

Dios te dice: «Quédate quieto, que no es contra ti, es contra Mí». No puedes dejar que la gente te altere y te haga mover de forma inadecuada e inaceptable delante de Dios. Mantén la paciencia y la templanza, aunque no sea fácil, pues incluso Moisés, el hombre de Dios, después de cuarenta días sin comer ni beber, en un momento de ira rompió las tablas, rompió lo que le costó cuarenta días recibir.

Y tú, ¿has sentido que has quebrado cosas que no tenías que romper? ¿Sientes que hay cosas en tu vida que no se rompieron por causa de otros, sino por tu causa? Muchas veces rompemos lo que Dios nos acaba de entregar. Comenzamos a actuar, a hablar o a movernos de una forma que no le agrada a Dios, y terminamos rompiendo lo que el Señor nos ha entregado. ¿Y sabes qué hace el enemigo cuando actuamos así? Nos dice en susurros: «Ya no vale la pena continuar, porque lo rompiste, lo echaste a perder, caíste en pecado. No vale la pena creer que Dios te pueda levantar. Ya todo se acabó». Y un espíritu de culpabilidad cae sobre ti y te lleva a encerrarte y apartarte de la gente, a creer que Dios no puede darte otra vez las tablas. Entonces el diablo te dice: «Ya deja el Evangelio, porque lo perdiste todo».

¿Cuántos millones de personas, de una forma u otra, sin querer queriendo, han hecho algo por lo que, literalmente, han perdido la gracia, la presencia de Dios, el mandamiento, la dirección, el ministerio? Y el diablo les dice: «Ya no vales nada». A muchos les susurra: «Toma una soga y ahórcate».

Pero te tengo una noticia: Nuestro Dios es el que restaura todo, el que puede volver a darte una oportunidad. Él es el Dios que te puede restaurar, el que te va a dar una nueva oportunidad. Esta palabra me la dio el espíritu de Dios para tu espíritu.

Dice la palabra del Dios vivo que «*las tablas eran obra de Dios, y la escritura era escritura de Dios grabada sobre las tablas*» (*Éxodo 32:16*). Moisés rompió los diez mandamientos escritos por el dedo mismo del Padre. De modo que, si has echado cosas a perder, no creo que tuvieran más valor que lo que Moisés rompió. Si Dios pudo darle a él la oportunidad de volver a escribir esos mandamientos, te la dará a ti también.

Moisés rompió las tablas y, me imagino que habrá pensado: «¡Se acabó todo! Dios no va a volver a darme esos mandamientos». De pronto, llegó la presencia de Dios.

«Y Jehová dijo a Moisés: Alísate dos tablas de piedra como las primeras, y escribiré sobre esas tablas las palabras que estaban en las tablas primeras que quebraste» (*Éxodo 34:1*).

En otras palabras, Dios le dijo a Moisés: «Tú las quebraste, pero Yo las voy a restaurar. El mismo dedo que escribió la primera vez, volverá a escribir una segunda vez. Yo soy el Dios de las segundas oportunidades».

El mismo Dios que te dio sueños y visiones, volverá a dártelos. Si el Espíritu del Señor te tiene frente a estas palabras es para restaurarte y para restaurar tu relación e intimidad con Él. Todos hemos hecho cosas que han quebrado la confianza de Dios en nosotros, pero Él dice: «Mi dedo todavía está vigente, volveré a escribir, volver a obrar en tu favor». Créelo, ¡Dios está dispuesto a restaurarte para devolverte tu oportunidad!

Dios le dijo a Moisés que subiera nuevamente ante Su presencia y que se quedara otros cuarenta días con Él, ya que escribiría nuevamente las tablas de los mandamientos. De hecho, si Moisés no entró en la tierra donde fluía leche y miel, no fue por romper las tablas, pues Dios lo perdonó por eso. No entró a la tierra prometida por haber golpeado la piedra para que saliera agua en el desierto de Zin, cuando Dios no le había ordenado que lo hiciera así. La orden fue: «*Toma la vara, y reúne la congregación, tú y Aarón tu hermano, y hablad a la peña a vista de ellos; y ella dará su agua, y les sacarás aguas de la peña, y darás de beber a la congregación y a sus bestias*» (*Números 20:8*).

Imagino a Moisés avergonzado al ver que Dios estaba escribiendo de nuevo: «No adorarás a dioses extraños. No robarás...». Por eso dice *Nehemías 9:30a (NTV)*: «*En tu amor fuiste paciente con ellos durante muchos años. Enviaste tu Espíritu, quien les advertía por medio de los profetas...*».

Muchos hombres fingen creer en la restauración de los caídos, pero de cien, solo un diez por ciento cree verdaderamente en ella. El noventa por ciento vive acusando a los demás, señalando sus caídas y diciendo: «Tú lo hiciste». Esas son personas sin espíritu. No les hagas caso, porque son tumbas blanqueadas por fuera, pero podridas por dentro.

Sin embargo, hay un diez por ciento que cree en el Dios que levantó a David. Que cree en el Dios que escuchó a Sansón. Que cree en el Dios que perdonó a Pedro. Quiero que los hombres de la tierra sepan que yo no le sirvo a los hombres sino al Dios que me rescata, al Dios que me levanta.

«Uno de los fariseos rogó a Jesús que comiese con él. Y habiendo entrado en casa del fariseo, se sentó a la mesa. Entonces una mujer de la ciudad, que era pecadora, al saber que Jesús estaba a la mesa en casa del fariseo, trajo un frasco de alabastro con perfume; y estando detrás de él a sus pies, llorando, comenzó a regar con lágrimas sus pies, y los enjugaba con sus cabellos; y besaba sus pies, y los ungía con el perfume. Cuando vio esto el fariseo que le había convidado, dijo para sí: Este, si fuera profeta, conocería quién y qué clase de mujer es la que le toca, que es pecadora» (*Lucas 7:36-39*).

«¡Cállate, religioso! ¡Él sabe quién es ella y sabe quién eres tú!» Por eso dijo: «Al que mucho se le ama, mucho se le perdona». Jesús le dio al fariseo una bofetada sin tocarlo, le dijo: «Yo la amo a ella más que a ti, porque tú me estás dando comida, pero ella me está dando el corazón».

Literalmente, hay pastores y líderes que no creen en la restauración de un hermano, de un pastor caído, de alguien que Dios perdona, solo fingen creer. Pero sabemos que finge pues, no vuelven a invitarlo a predicar, jamás al que ha sido perdonado. Le ponen una cruz y le dicen: «Aquí no vuelva nunca más». Y piensan: «Ese cayó, ese pecó, ese ofendió. Ese ya no sirve».

El malhechor que fue crucificado junto a Jesús, desde que era un niño pudo haber estado robando, asesinando, practicando todo tipo de pecado. Pero en cinco minutos fue salvo por la misericordia del Salvador: «*Entonces Jesús le dijo: De cierto te digo que hoy estarás conmigo en el paraíso*» (*Lucas 23:43*).

Hay gente tan religiosa que dice que Cristo tenía que haberlo bajado de ahí, para bautizarlo y luego salvarlo. Pero el bautismo lo produce Él, no nosotros. La salvación la produce Él.

El mundo necesita una Iglesia llena de compasión y misericordia, que entienda que estamos siendo edificados, restaurados, reconstruidos. Gracias a Dios, Moisés no tuvo un pastor como tantos que andan por ahí, sin misericordia, porque uno como esos habría dicho: «Golpéenlo, que ese no sirve. Rompió lo que Dios le dio». Pero Dios es diferente. Él es misericordioso, bondadoso y restaurador. Y yo no estoy aquí para señalarte, sino para extenderte la mano del Espíritu y decirte que Dios quiere darte nuevas oportunidades.

¿Conoces la historia de Elías y los profetas de Baal? Elías oró y, literalmente cayó fuego del cielo. Pero luego, una mujer llamada Jezabel, lo amenazó de muerte, y él salió corriendo.

«Y él se fue por el desierto un día de camino, y vino y se sentó debajo de un enebro; y deseando morirse, dijo: Basta ya, oh Jehová, quítame la vida, pues no soy yo mejor que mis padres» (*1 Reyes 19:4*).

Hacía dos días que Elías había visto caer fuego del cielo y ahí estaba, deprimido, desanimado, diciéndole a Dios: «Mátame, porque Tú me dejaste solo. ¿Quién soy yo? Quítame la vida». Y luego se le apareció un ángel. ¡No un pastor, un ángel! Que tenía todo el mérito para decirle: «¡¿Qué te pasa flojo?! ¿Estás lloriqueando? ¿Cuál es tu flojera? Hace dos días viste caer fuego del cielo, viste el avivamiento más grande de la historia en tu nación, ¿por qué estás aquí, llorando, si Jehová está contigo?». El ángel se limitó a decirle: «*Levántate, come*». Y luego de que Elías se levantó, comió y bebió, el ángel regresó, lo tocó y le dijo: «*Levántate y come, porque te resta un largo camino*» (*1 Reyes 19:7*).

Cómo me hubiese gustado encontrar a ese ángel cuando era joven y cometía tantos errores. Pero nunca me visitó uno que me dijera: «Levántate y come». Solo encontré personas que me ponían el pie encima. Sin embargo, le doy gracias al Espíritu Santo, porque en cada proceso y cada vez que cometía un error, tuve a mi amigo el Espíritu Santo, que me decía: «Ánimo, ánimo, porque de esta vamos a salir juntos».

Tal vez quieras preguntarme si no me avergüenzo de hablar de mis errores de juventud. La respuesta es no, porque la Biblia no se avergüenza de mencionar los errores de Moisés, los de David, los de Elías, ni los de Abraham.

> *Bendigo al Dios que está listo para extenderle la mano al que se arrepiente y se humilla delante de Él.*

Podrás decir que cuando caíste, cuando resbalaste, cuando te fuiste de cabeza al lodo, llorando, nadie te llamó. Pero seguramente la Presencia te visitó.

Permíteme profetizar sobre ti, que Dios volverá a restaurar lo que tú rompiste. Todas aquellas cosas que quebraste por la ira, el enojo, la carne, la debilidad, la falta de experiencia, Dios me dijo que te diga: «Dile que Yo soy el Dios que restaura lo que ellos rompieron».

Finalmente, ¿sabes dónde puedes ser restaurado? Recuerda lo que le dijo Jehová a Moisés: «Sube a Mi presencia». La única forma de ser restaurados es estando en la presencia de Dios. Ni tú ni yo podemos restaurarnos a nosotros mismos. Ningún ser humano puede restaurarse sin estar lleno de la presencia de Dios. Lo único que puede restaurarte es Su Presencia. Dios volverá a hablarte. Dios volverá a tener la misma misericordia si estás dispuesto a humillarte y a reconocer que solo en Él puedes ser restaurado.

ACERCA DEL AUTOR

PASTOR JUAN CARLOS HARRIGAN

A la edad de 14 años recibió a Cristo como su Salvador personal en San Pedro de Macorís, República Dominicana, un pueblo caracterizado por sus reconocidos jugadores de beisbol. Para ese momento, el joven Juan Carlos ya se dedicaba a jugar beisbol, y cuatro años más tarde, mientras entrenaba, recibió el llamado de Dios para dedicarse a tiempo completo al ministerio de evangelista.

En medio de un sueño, el Señor le permitió verse jugando beisbol en un estadio donde había multitudes de fanáticos. De pronto, observó cómo los jugadores desaparecían del terreno de juego y quedaba él solo. Su ropa de deportista se transformaba en un traje, el bate de beisbol en un micrófono, y las multitudes en personas con Biblias en sus manos. A través de ese sueño, Dios le permitió ver que cuando señalaba a la multitud, las personas caían al suelo bajo el poder del Espíritu Santo. Esto provocó un ardor en su corazón por llevar el Evangelio a todos los que conocía, y tiempo después, al mundo entero.

Desde entonces ha ministrado la Palabra del Señor en los campos, pueblos y estadios. Actualmente, predica en diferentes países de Centroamérica, América Latina, Estados Unidos y parte de Europa.

Recibió una revelación dada por Dios donde le decía cómo su ministerio iba a crecer y a contar con la presencia del Espíritu Santo. Donde quiera que él ha viajado, Dios lo ha respaldado con señales, maravillas y prodigios.

Al día de hoy, Dios ha mantenido Su palabra en él. Por lo cual, el evangelista se reconoce como simplemente un instrumento en las manos del Señor, donde Dios hace conforme a Su gloria, poder y majestad.

A medida que el Espíritu de Dios se manifestaba en su vida, una necesidad surgió en su espíritu, y era la de impactar a las naciones con la gloria del Señor, arrebatar las almas de las manos de Satanás para traerlas al reino de Jesús.

De aquí nace el nombre de su ministerio: «Impacto de Gloria». Desde allí el pastor Harrigan cree firmemente que el ser humano solo necesita ser impactado por la gloria de Dios para que su vida sea transformada, permitiéndole experimentar una comunión íntima con su Creador, que lo capacitará para vivir una vida de abundancia y de victoria.

LA IGLESIA

CENTRO DE AVIVAMIENTO
CASA DE DIOS PARA LAS NACIONES

Una casa guiada por el Espíritu Santo

Casa de Dios para las Naciones es una iglesia llena de la presencia de Dios y guiada por el Espíritu Santo con la meta de traer las almas a los pies de Cristo y restaurar a los quebrantados de espíritu.

Somos una plataforma y modelo a seguir que alcanza a miles de personas en el mundo a través de los medios de comunicación y redes sociales. Más que una iglesia, *¡Somos una gran familia!*

CONTÁCTANOS:

 1015 Minnesota Ave. Kansas City (Kansas)

 +1 (913) 549-3800

 libros@juancarlosharrigan.com

 www.juancarlosharrigan.com

www.impactodegloria.com

Visita a Juan Carlos Harrigan por:

f Pastor Juan Carlos Harrigan

📷 Juan Carlos Harrigan Oficial

You Tube Juan Carlos Harrigan Oficial

Made in United States
Orlando, FL
18 March 2025

59596239R00095